J'aide mon enfant à s'organiser

Des mêmes auteurs

- *S'organiser, c'est facile !*, Stéphanie Bujon et Laurence Einfalt
- *S'organiser tout simplement*, Stéphanie Bujon et Laurence Einfalt

Dans la collection Eyrolles Pratique

- *Examens : en forme le jour J*, Jean-Marc Bayle
- *Musique : quel instrument pour votre enfant ?*, Atarah Ben-Tovim et Douglas Boyd
- *Ecole : aidez vos enfants à réussir*, Marie-Joseph Chalvin
- *Guide du collège*, ONISEP
- *Guide du lycée*, ONISEP
- *Guide du lycée professionnel*, ONISEP
- *Comprendre la crise d'adolescence*, Françoise Rougeul
- *Les troubles du comportement alimentaire*, Laëtitia Sirolli

Stéphanie Bujon
Laurence Einfalt

J'aide mon enfant à s'organiser

Méthode facile à l'usage des parents

Deuxième tirage 2010

EYROLLES

Éditions Eyrolles
61, Bd Saint-Germain
75240 Paris Cedex 05
www.editions-eyrolles.com

Illustrations : © Éric Degas
Mise en pages : Istria

Ce livre a fait l'objet d'un reconditionnement à l'occasion de son deuxième tirage (nouvelle couverture et nouvelle maquette intérieure).
Le texte reste inchangé par rapport au tirage précédent.

ISBN : 978-2-212-54752-8

Sommaire

Introduction

« Tiouiouiou… Tiouiouiou… Tiouiouiou…

— Oui ?

— Allô, Maman… Ça va ? Tu pourrais venir dimanche garder tes petits-enfants à la maison ? On est invités à déjeuner chez les Rasoirs, et tu sais bien qu'on ne peut pas y aller avec les enfants…

— Oh ben, ça m'arrange pas. J'avais un bridge. Fille Aînée ne peut pas garder les autres ?

— Euh… Tu sais, si on les laisse tout seuls, ils vont encore rester des heures devant la télé. Alors que Fils du Milieu a un exposé de géo qu'il n'a même pas commencé, Pépette doit prendre son bain, et Fille Aînée aura besoin d'aide pour faire son sac. Sans compter son repassage. Elle part à Londres avec sa classe lundi. »

Bienvenue au club ! Vous non plus, vous n'avez pas pris le temps d'apprendre à vos enfants tout ce qui leur permettrait de se débrouiller tout seuls. Quelquefois, vous vous réveillez en sueur après avoir rêvé de votre fils, encore chez vous et célibataire à 28 ans, laissant traîner ses chaussettes sales et mettant le feu à la cuisine en faisant des crêpes… Rassurez-vous, vous n'êtes pas seul.

Comme vous, nous avons pris notre temps pour grandir, et nos parents, trop occupés et souhaitant que nous vivions « nos vies d'enfants », ne nous ont pas forcément enseigné l'autonomie et l'organisation au quotidien.

Imaginez-nous, diplômes en poche mais incapables de trier du linge, de remettre un joint sur un robinet, de faire un budget, de faire les courses sans tout laisser moisir au frigo... Désespérant, non ? Et les mêmes, devenus parents, inquiètes pour l'avenir de leur progéniture, se grattant la tête pour trouver une solution.

C'est pourquoi, d'erreurs en réussites, nous avons testé, modifié, élaboré, adapté toutes les techniques à notre disposition pour que nos enfants grandissent en individus confiants et autonomes dans leurs gestes quotidiens. En futurs adultes responsables.

Allons-nous vous apprendre à manier le fouet, la privation ou la punition pour transformer vos petits en Cosette ? Loin de nous cette idée saugrenue : il existe des méthodes bien plus modernes, plus efficaces et moins fatigantes que celles-ci ! Pourquoi ne pas vous accompagner dans la douceur, le jeu et la responsabilisation, pour mener vos enfants vers leur autonomie ? Pourquoi ne pas vous raconter comment de bonnes habitudes, expliquées clairement, appliquées simplement, peuvent rendre nos journées plus simples et calmes ? Pourquoi ne pas vous démontrer que l'énergie de vos enfants peut aussi bien servir à passer l'aspirateur qu'à battre l'énième record de SuperPedro ?

C'est notre projet à travers ce guide : conduire les enfants vers leurs responsabilités, petit à petit.

Chapitre 1

Les basiques de l'organisation avec des enfants

« Il y a des moments où l'absence d'ogres se fait cruellement sentir. »

Alphonse Allais

Avant de commencer le tour de tous les domaines où nos enfants doivent s'organiser, autant parler de ce qui vous sera utile pour parvenir à vos fins, et cela, à tous les niveaux ! Comment apprend-on à un enfant à faire quelque chose de nouveau ? Comment le convaincre des avantages d'apprendre et de pratiquer au quotidien ? Quels sont les outils dont vous ne pourrez pas vous passer pour organiser votre temps et le sien ? Quels objets vous feront gagner un temps fou dès que vous aurez des enfants ? Et enfin, que pouvez-vous éviter d'acheter, car cela ne vous servira à rien (on a essayé) ?

Les méthodes

Bien sûr, on aimerait que l'exemple suffise à habituer nos petits à tout ce qui les attendra à l'âge adulte. Enfin, si l'exemple est bon en tout cas. Mais parfois, il faut ajouter un peu de méthode, un gros sac de patience et un bon litre d'expérience.

Comment apprendre quelque chose à un enfant ?

Dès le plus jeune âge, l'exemple est le meilleur instituteur

Dès sa naissance, votre enfant n'aura vraisemblablement qu'une idée en tête : faire tout pareil que vous. Le fait de vous avoir vu faire pendant des mois puis des années va lui apprendre à faire lui-même les choses, et, avec un peu de chance, lui donner envie d'obtenir le même résultat. Par exemple, vous serez étonné de voir à quel point votre enfant de 3 ans rêve de pouvoir utiliser votre fouet de cuisine... et comment la simple idée de porter votre téléphone à son oreille (en général sans parler, c'est l'émotion !) lui donne une satisfaction folle.

Profitez de ces prédispositions sans pour autant culpabiliser. Certains enfants bordéliques ont des parents maniaques, et réciproquement.

Notez aussi, car nous y reviendrons, que l'habitude est une motivation puissante. Ainsi, un enfant qui aura pris l'habitude, avec bonheur, de vivre dans un environnement propre ou dans une ambiance détendue recherchera toujours un moyen quelconque de les reproduire. Si vos enfants ont plaisir à vivre chez vous, notamment parce qu'ils ont toujours une place sur le canapé ou que leurs proches sentent bon, ils chercheront à recréer cette habitude qu'ils ont prise, un peu partout autour d'eux, en grandissant.

Enseigner quelque chose à un enfant (ou à n'importe qui, tiens)

Le principe est le suivant : d'abord, on montre comment on fait, ensuite, on montre comment on fait en l'expliquant, puis on aide son élève à le faire, on le regarde faire, et pour finir, on le laisse faire.

Reprenons, vous êtes bien décidé à apprendre à votre fils à faire son lit :

- Vous l'appelez un matin pour lui dire : « viens donc, je vais te montrer comment on fait son lit pour que tu puisses le faire le matin quand tu te lèveras ». Vous lui montrez comment vous faites en énumérant simplement les différentes étapes : « je ramène la couette au bout du lit, je tire le drap du dessous pour qu'il n'y ait plus de petits plis et je le reborde bien, voilà, je secoue la couette pour que le bourrage soit bien réparti, je rabats la couette, je tapote l'oreiller, et c'est fait ! ».
- Si la tâche est complexe, n'hésitez pas à détailler les étapes sur une fiche, sous forme écrite ou même en bande dessinée. Certains enfants aimeront faire les dessins eux-mêmes si vous le leur demandez. N'oubliez pas en détaillant les étapes de mentionner le matériel nécessaire et son emplacement.
- Ensuite, vous lui remontrez, sur le lit de son frère, mais en expliquant vos gestes : « pour bien tirer, tu vois, je prends le drap entre mes mains, et après j'écrase les petits plis en passant ma main ».
- Là, normalement, votre enfant meurt d'envie d'essayer (ou d'impatience, pour s'en débarrasser). Comme vous avez commencé par votre lit puis par celui de son frère, vous pouvez le regarder faire sur le sien, en lui remontrant si besoin les gestes un peu difficiles, mais surtout en le laissant faire quand il se sent en confiance.
- Bientôt, il sera responsable de faire son lit. Comme vous devrez le lui rappeler, vous l'accompagnerez pour lui dire : « vas-y, montre-moi comment tu fais. Si c'est bien, demain, tu pourras le faire tout seul ».
- C'est à ce moment-là qu'il faudra vous retenir... En effet, s'il fait son lit en suivant vos consignes et en accomplissant chaque geste du mieux qu'il peut ou sait le faire, vous devez vous retenir de vous précipiter sur le drap du dessous pour écraser le dernier petit pli, dans le coin à gauche. Comprenez bien que, pour gagner en autonomie, votre enfant a besoin de faire les choses d'abord, même si elles ne sont pas faites parfaitement. Si vous voulez le décourager à vie de faire son lit, prenez un malin plaisir à critiquer chacun de ses mouvements, à évoquer sa fainéantise et sa maladresse.

- Les avis sont partagés sur l'intérêt ou non de féliciter un enfant qui vient de faire son lit. Nous aurions tendance à dire que, les premières fois, et dès que la tâche est terminée, les louanges s'imposent. Mais après quelques semaines, on pourra juste se vanter, devant Belle-maman, d'avoir un fils charmant qui fait son lit tous les jours, en faisant comme si on ne savait pas que Petit Dernier entend la conversation. Au bout de 3 mois, des félicitations quotidiennes pourraient lui faire croire que faire son lit tous les jours est un acte d'héroïsme qui lui donne le droit de zapper le rangement de sa chambre...
- Et s'il ne s'en sort pas ? Il arrive que l'on surestime ses enfants, mais souvent, on exige aussi d'eux plus que nécessaire. Le lit n'est pas au carré comme à l'armée (ou comme le vôtre) ? Pour un enfant de 5 ans, c'est déjà bien d'avoir tapé l'oreiller et soigneusement tiré la couette, non ? S'il n'y arrive pas, cherchez ensemble d'autres méthodes possibles. Après tout, la vôtre n'est pas toujours la meilleure (comme dit votre belle-mère).

PAROLES DE PARENTS

« Je m'étais rendue compte que Noé, à trois/quatre ans, refusait d'aider à mettre la table car il s'emmêlait les pédales dans les couverts : seuls les adultes avaient des couteaux et il n'y avait de cuillères que lorsqu'on mangeait de la soupe... Du coup, avant de préparer la table, on comptait ensemble. Donc : cinq fourchettes, cinq petites cuillères et deux couteaux pour papa, maman. Et là, plus de soucis. »

Anne, 30 ans, institutrice, maman de Noé, 5 ans,
Ronan et Luc, 7 ans.

Comment déléguer une tâche ?

Choisissez la bonne personne

Dans la plupart des cas, voilà ce qui se passe : vous en avez assez de vous « coltiner » le repassage de toute la famille tous les week-ends. Vous demandez gentiment à Fille Aînée (qui a appris parce qu'elle devait ab-so-lu-ment mettre son jean brodé et son chemisier vert un soir où vous partiez dans la minute) si elle veut bien se charger de cette pile-là.

Elle grommelle, dit que c'est toujours elle qui s'y colle. Vous geignez, répondez que c'est la seule qui sait le faire...

Bon, reprenons. Le repassage n'est pas un métier de fille. Et le plantage de clou n'est pas un métier de garçon. Pour commencer, donc, pas de sexisme. Le plus serviable ne doit pas non plus être la bonne poire de service. Même si c'est plus facile pour vous. Et le plus grand, qui sait tout faire, ne doit pas tout faire non plus, sinon le plus petit ne grandira jamais... Alors, jusqu'au moment où ils ont à peu près tous les mêmes compétences (vers 11 ans), commencez par penser au plus jeune, puis à celui qui vient juste avant, etc. Vous serez bien content de trouver une fille aînée prête à repasser parce que vous ne l'obligez pas, aussi, à mettre le couvert tous les jours, ce que peut faire votre Pépette de 4 ans.

Choisissez le bon rythme

En fait, il y a deux sortes de tâches à accomplir : celles que l'on aime bien, et les autres.

Si Fille Aînée aime (relativement) bien jardiner ou faire la lessive, elle sera peut-être prête, pendant... disons... un trimestre ou une année scolaire, à s'occuper du jardin ou du linge de toute la famille. En plus de ranger et nettoyer sa chambre et de... vivre sa vie, car c'est déjà pas mal, pour une famille avec 4 enfants ! Les autres enfants auront, eux aussi, le même type de responsabilité, que l'on remettra en question en fin d'année ou de trimestre.

Si toute la famille déteste jardiner, il faudra alors partager le râteau. Chacun fera une partie du jardin : qui les fleurs, qui la pelouse, qui le potager ! Ou ce sera chacun son tour. Pour certaines tâches enquiquinantes, il est parfois bienvenu de créer des équipes pour accélérer le travail : l'équipe vaisselle avec le nettoyeur et l'essuyeur ; l'équipe plantation avec celui qui creuse et celui qui sème, etc.

Mettez toutes les chances de votre côté

Rendez-leur la tâche facile et rapide, comme pour vous. Rangez le matériel à portée de main, quitte à prévoir un chiffon spécial pour les enfants et des produits non toxiques. Pensez au petit banc pour être plus grand, à la bouteille en plastique (pas en verre), au petit balai, au plateau à hauts rebords, au vaporisateur qui fait « pschiitttt », à la penderie pas trop haute, etc.

Demandez gentiment et efficacement

Mauvaise nouvelle : pendant longtemps (très longtemps), vous devrez continuer à demander à vos enfants de faire les choses. Selon la manière dont vous le demandez (et l'humeur de l'animal), vous obtiendrez ou non un résultat. Alors autant demander le mieux possible :

- Soyez poli : s'il te plaît et merci, même pour vous, ce n'est pas pour les chiens.
- Si la tâche est complexe (elle demande plusieurs actions successives), décomposez-la en plusieurs étapes : « Mets tes voitures dans la caisse et remets bien ta couverture sur ton lit », et non « Range ta chambre ! »
- Demandez un coup de main avant d'en avoir besoin : « Quand tu auras fini ton jeu, tu voudras bien le ranger ? », ou « Demain, tu voudras bien faire une lessive de blanc ? », et non, en faisant la lessive en question, « Franchement, tu n'aurais pas pu faire une lessive de blanc ? Tu n'as pas vu que le coffre déborde ? »
- De même, prévenez votre enfant de l'imminence d'une tâche à accomplir : « Il est 13 h. Tu te rappelles que tu dois préparer ton sac de piscine pour y être à 14 h ? »

Apprenez-lui à dire « non »

Rappelez-vous, il avait 14 mois environ quand il a prononcé son premier « non ». Et là, vous vous êtes dit : « Ça y est, les problèmes commencent ! » Pourtant, ce mot est l'un des plus utiles de notre langue : il nous permet de nous affirmer par rapport aux autres et de choisir, en toute autonomie (oui, c'est le mot), ce que l'on doit faire ou ne pas faire, ce que l'on veut faire ou ne pas faire, ce que l'on peut faire ou ne pas faire.

Ainsi, très tôt, vous apprendrez à vos enfants à dire « non » au monsieur qu'il ne connaît pas et qui lui propose un bonbon dans la rue, « non » à

Dounia qui lui a tiré les cheveux, « non » à quiconque voudrait la déshabiller hors de la présence de ses parents, « non » à Germain qui pense que l'on ne fait pas partie de la bande si on ne fume pas, etc.

Et peu à peu, vous lui apprendrez aussi à dire « non » à tous ces gens qui lui veulent tellement de bien qu'ils lui prennent tout son temps, voire son argent. « Non » à Hélène qui veut qu'elle lui fasse son exercice de français en plus de ses devoirs, « non » à Igor qui veut qu'elle lui fabrique un bracelet de l'amitié pour demain, « non » à Madame Sans-Gêne qui veut qu'il vienne un peu en avance au cours de judo pour installer les tapis, « non » à Hippolyte qui ne veut pas aller tout seul à Supershop choisir un cadeau pour sa copine... Et « non » aussi à ce grand monsieur imposant qui vient de le dépasser dans la file de la boulangerie, « non » à ce vendeur de téléphones qui veut lui imposer un forfait trop grand pour elle, « non » à Josselin qui a absolument besoin de cinq euros ce soir pour s'acheter sa X-Boy.

Votre enfant a le droit de prendre le contrôle de son temps et de ses biens, dans la limite des règles que vous aurez imposées avec lui. L'école est obligatoire, participer à la vie de la maison est normal, avoir des amis est sain, prendre soin de soi est important. Mais donner, contre son gré, tout son temps juste pour faire plaisir n'est pas un bon moyen d'entretenir des relations saines avec son entourage, car c'est comme cela que l'on devient la bonne poire de tout le monde.

Faites-lui décider

La décision est la marque de l'autonomie. C'est à partir du moment où l'on dit « non », précisément, et que l'on choisit une autre solution que l'on devient fidèle à soi-même, que l'on vit sa vie. La vie est pleine de décisions à prendre : à quelle heure se lever ? Que manger ? Bain ou douche ? Brosse à dents normale ou électrique ? Thé ou café ? Tasse ou bol ? Bus ou tram ? Faire ses devoirs ou regarder la télé ? Balai ou aspirateur ?

Aidez votre enfant à décider. Dès qu'il est petit, entraînez-le à déterminer ce qu'il préfère, en commençant par des décisions futiles : le pantalon propre, bleu ou bordeaux ? Le yaourt, fraise ou abricot ? Progressivement, la vie vous aidera à augmenter la difficulté.

Impliquez-le dans tous les choix qui le concernent, comme ses activités extrascolaires, sa seconde langue, son forfait de portable. Entraînez-le à argumenter. Faites ensemble des tableaux comparatifs. Écoutez son avis et argumentez à votre tour si vous préférez finalement trancher pour une autre option. Au besoin, disputez-vous un peu, mais laissez-le intervenir dans ses choix, il en a besoin pour l'avenir !

Détaillez le déroulement d'une tâche

Avant de débuter un projet quel qu'il soit (nouvelle recette à essayer, masque en papier mâché, pose du papier peint dans sa chambre...) auquel vous associez votre enfant, commencez par réfléchir à deux, soigneusement, à voix haute : de quoi aurez-vous besoin pendant toute la durée du projet ? Où et comment allez-vous le réaliser ? Comment estimerez-vous que le projet est terminé ? Quelles en sont les étapes ? Que faire entre deux étapes (où mettre le bateau en balsa, construit dans la cuisine et qui doit maintenant sécher ?). Faut-il prévoir du temps à attendre ? Un avis à demander ?

Pour ce faire :

- Regroupez à un même endroit, devant vous, ce qui vous sera nécessaire, puis préparez votre plan d'attaque.
- Démarrez la première tranche de votre projet (ou le projet lui-même s'il doit être réalisé en une fois).
- Déplacez-vous le moins possible pendant la réalisation, sous peine de semer partout ustensiles et instruments. Il n'est tout de même pas interdit de se dégourdir les pattes de temps en temps.
- Terminez la première tranche ou le projet en question.
- Débarrassez complètement et nettoyez si besoin l'emplacement où vous avez travaillé.

C'est vrai, c'est moins simple qu'il n'y paraît de planifier une activité, même un loisir. Mais on sait bien que cela fait partie de la vie, ces phases de préparation et de débarras/nettoyage, souvent bien plus longues que la phase de réalisation proprement dite. Il n'y a qu'à penser au temps que nous passons en cuisine pour les repas de fêtes ou à la dernière fois que nous avons repeint le séjour !

Paroles de parents

« Le leitmotiv dans la maison : "le travail est terminé lorsque c'est rangé." Ainsi, quand ils font un gâteau, ils lèchent les plats seulement quand tout est rangé. Et ils ont de droit de me gronder quand je ne fais pas pareil. Et on en rigole. Et moi aussi, j'apprends avec eux ! »

Virginie, 37 ans, enseignante, trois enfants.

Les motivations

Bien sûr que l'on rêve en regardant ces feuilletons ou ces reportages où l'on nous fait croire qu'il suffit de faire un joli tableau de corvées pour que le couvert se mette tout seul et la vaisselle se nettoie et se range après chaque repas. Autant vous le dire tout de suite, chaque enfant a ses motivations, et en plus, ces motivations changent selon la tâche que vous lui demandez. Logique, remarquez... Nous, les adultes, sommes absolument pareils.

Jusqu'à 4-5 ans, quand ils sont encore pleins de candeur

Commençons par ce qui est le plus facile à trouver et le plus raisonnable.

La joie de faire quelque chose « tout seul » est une motivation suprême accompagnée de « tu es un grand garçon maintenant », encore plus efficace quand Fille Aînée lui rebat les oreilles sur le fait qu'il n'a « que 4 ans et demi ». À 3 ans, elle veut vous aider à faire les poussières : donnez-lui un chiffon. Il veut se laver tout seul : mettez le savon à sa portée et accrochez un rideau de douche. À 6 ans, il veut traverser la rue tout de suite : montrez-lui et entraînez-le régulièrement à regarder à droite et à gauche avant de traverser (sous votre surveillance). À 10 ans, il rêve d'une bonne mousse au chocolat comme celle de Mamie : embarquez-le tout de suite à la cuisine.

Bizarrement, les enfants aiment aussi la **routine**. Si une tâche un peu casse-pieds (se laver les dents) fait partie d'un tout sympathique (le rituel du coucher) qui mène à un moment de plaisir (une histoire et un câlin), l'enfant en prendra vite l'habitude, au point qu'elle manquera le jour où vous l'oublierez.

Vient très vite après **le plaisir de faire plaisir**, surtout à ses parents ou à sa maîtresse. D'où les exclamations que l'on remarque avec étonnement lorsqu'on n'a pas encore d'enfants : « Comment ! Tu n'as pas sali ton jean au square aujourd'hui, ni fait de trou ? Viens donc là que je te fasse un gros bisous… » Cette motivation ne tiendra pas jusqu'à l'adolescence.

Paroles de pros

D'après Etty Buzyn dans l'ouvrage *Me débrouiller, oui, mais pas tout seul* (Albin Michel), « La revendication implicite d'un enfant, quels que soient son âge et sa façon de s'exprimer (…), c'est de se sentir investi et cadré par des parents qui ne laissent pas totalement à d'autres le bénéfice inestimable de tisser des liens avec lui. Il convient en effet d'éviter un malentendu d'importance entre parents et enfants : celui qui consiste à faire un amalgame entre "autonomie" et "abandon". »

L'idée est simple : laissez-le faire des choses lui-même dès qu'il en ressent l'envie ou le besoin (dans la limite des dangers possibles, évidemment), mais soyez là pour lui, à portée de voix ou de vue, pour le réconforter et le féliciter d'avoir pris cet élan !

Ensuite, rien ne remplace le **plaisir d'apprendre**. Pour beaucoup d'enfants, le fait de prononcer devant eux les mots « Je vais t'apprendre » fait gigoter leurs oreilles. Car apprendre, c'est intégrer quelque chose de nouveau, et les enfants adorent tout ce qui est nouveau, d'autant plus s'ils peuvent bénéficier de la motivation qui suit, qui est…

Le **bénéfice de l'action**, vous y avez pensé ? Eh oui, dès l'âge de 4 ans, on comprend que l'on peut tout à fait bénéficier d'une tâche ou d'une autre. Si on aide à préparer le goûter, on va se régaler. Si on lave ses vêtements, on aura un placard plein de vêtements propres. Si on range ses jouets, on aura plus de place pour jouer. Si on met le couvert, Maman va arrêter de râler en boucle et on pourra regarder tranquillement Non-Non à la télé. Parmi ces bénéfices, le temps « avec Maman ou Papa » n'est pas à sous-estimer. Essayez : « Va vite te mettre en pyjama tout seul.

Pendant ce temps, je prépare une partie de Nain Jaune et comme ça on a le temps de jouer avant le dîner. »

Autant que possible, à ces âges-là, et même plus tard d'ailleurs, pensez qu'il est plus agréable de **faire quelque chose à plusieurs**. Vos enfants préféreront toujours faire les vitres avec vous que tout seuls. Et comme les parents cherchent toujours les moments de complicité, c'est une occasion rêvée. De même, et cette ruse sera aussi utile pour plus tard, l'égalité des droits est généralement la bienvenue. Ainsi, des règles instituées en famille, parfois écrites (souvent pas), et qui s'appliquent à tous, sont plus efficaces que des critiques au coup par coup. Une fois pour toutes, « On ne mange pas dans le salon », « On ne se met jamais debout sur les lits », « Le linge qui n'est pas au sale ne sera pas lavé », même celui de Papa, na !

Ne négligez pas la **partie ludique**. Nous vous donnerons des wagons d'idées au fil des chapitres pour rendre une tâche amusante. Mais, en vrac, on apprend mieux à rendre la monnaie quand on joue au Monopoly, on range plus vite ses affaires s'il y a un petit bonbon caché sous la pile, on veut bien se laver les dents si on a le droit de faire en même temps une bataille d'eau... et se laver tout seul avec un savon-cornichon, c'est plus rigolo.

Rêver, jouer, apprendre... Bien sûr que vous commencerez toujours par les motiver ainsi, et que ça marchera pendant quelques années. Croyez-le ou non, pour certaines choses, vous devrez même fixer des limites pour que votre rejeton ne tente pas trop vite de prendre son indépendance. Le « truc » important, à ces âges-là, est d'expliciter les choses. Si vous voulez que ce soit ludique, parlez d'un jeu ; si vous voulez lui enseigner quelque chose, parlez d'apprendre, et si vous voulez qu'il vous aide pour le goûter, parlez-lui du menu. Dans tous les cas, évitez d'utiliser n'importe quelle tâche quotidienne comme une punition, au risque qu'à chaque fois que votre enfant entendra « faire les vitres », il entende « punition ». Dommage.

Vers 6-7 ans, quand on ne les a plus aussi facilement...

Progressivement, vous découvrirez que d'autres motivations prendront le dessus.

L'esprit de compétition

On commencera souvent par l'esprit de compétition. Il est plus visible dans les fratries, mais vous le verrez aussi apparaître dans les yeux d'un enfant unique dès que vous aurez sorti l'outil compétitif par excellence : le chronomètre (sur lequel nous reviendrons dans ce chapitre). Les courses en tout genre sont appréciées par les garçons et les filles pour accomplir la plupart des tâches agaçantes qu'il faut réclamer encore et encore : ranger sa chambre, s'habiller, se mettre en pyjama, se préparer pour le bain, etc. Juste pour jouer, l'enfant se précipitera.

Vous pourrez utiliser ce même esprit de compétition pour créer de la concurrence entre deux enfants sur un domaine particulier. Qui n'accepterait pas de concourir pour la médaille de celui qui a bouclé tous ses devoirs dès le samedi soir pendant tout le premier trimestre ?

L'appât du gain

C'est aussi à cet âge qu'une autre motivation va faire son apparition : l'appât du gain. Contre un bonbon, une bille, une pièce, une image même, certains enfants sont prêts à beaucoup de sacrifices. Reste à trouver la frontière entre motiver un enfant pour devenir plus autonome et le rétribuer pour assumer des tâches pour lesquelles on ne vous paie pas, vous !

De combien de pièces de dix centimes aurez-vous besoin pour motiver votre enfant de manière à ce qu'il fasse son lit tous les jours pendant 365 jours par an et jusqu'à ses 18 ans ? 511 euros ! Et combien de caries si vous donnez à votre enfant un bonbon pour qu'il fasse son lit, un autre pour qu'il mette le couvert et encore un autre pour qu'il se mette tout seul en pyjama ?

Bref, veillez à rendre ce genre de rétribution exceptionnelle ou à lancer des défis qui en valent la peine... Et rien ne vous oblige à proposer en échange des récompenses sonnantes, trébuchantes ou même matérielles (voir fiche pratique p. 37).

L'argent de poche

En France, 45 % des 13-19 ans reçoivent régulièrement de l'argent de poche. Ils reçoivent en moyenne 12 euros par mois entre 7 et 11 ans, 16 euros entre 11 et 13 ans, 30 euros entre 14 et 15 ans et 60 euros à 18 ans. En général, on commence à en donner vers 6-7 ans. Bien sûr, vous pouvez faire partie, ou non, des 45 % de parents qui versent une somme régulière à leurs enfants. La question qui se pose souvent est de savoir s'il est opportun de lier cette somme à l'accomplissement de certaines tâches dans la maison. La réponse des professionnels est le plus souvent négative. Et c'est logique. Êtes-vous salarié(e), vous, pour débarrasser la table du dîner ou vous habiller avant midi ? Donc, normalement, il n'est pas raisonnable de lier l'argent de poche aux tâches de la maison. En revanche, si votre enfant se porte volontaire pour se lancer dans une tâche de grande envergure, alors vous pouvez décider de lui donner quelques pièces, en plus de son argent de poche, pour ces tâches-là.

Les tableaux à croix

Comme nous sommes convaincues que c'est de l'habitude que vient la facilité, nous sommes fans des tableaux à croix. Essayez pour voir. Faites une jolie liste, bien claire, de ce que vous voulez voir faire par votre enfant tous les matins, mettons. Affichez-la en bonne position dans sa chambre, et profitez des vacances, par exemple, pour lui montrer comment effectuer chaque tâche (s'il ne sait pas encore tout faire). Puis à côté de cette liste, affichez un beau tableau muni de nombreuses cases, au moins 21 (c'est le nombre de jours minimal pour acquérir une habitude). Dites-lui simplement : « Si tu suis cette liste entièrement, tu peux faire une croix dans une case. » Si vous avez un enfant dur en affaires, ajoutez « quand toutes les cases seront remplies, tu pourras jouer à la Gamegirl pendant une heure de plus que d'habitude ». Pensez à bien lui rappeler quand même chaque jour, pour la liste et pour la croix. Et tenez votre promesse, s'il y en a une. Puis passez à la liste du soir un mois plus tard.

En règle générale, même si c'est dans les pires moments d'énervement que vous voudriez « remettre de l'ordre dans cette maison et que chacun s'y colle », retenez-vous de lancer de grandes opérations « je délègue à tout va » un soir de colère. Faites plutôt les choses progressivement. Obtenez une chose à la fois, le premier mois ou le premier trimestre, et ajoutez-en une nouvelle le mois ou le trimestre suivant.

À partir de 10-12 ans, quand ils veulent juste qu'on les laisse tranquilles

Ce qui va intéresser votre pré-ado, puis votre ado, c'est l'autonomie. La motivation suprême de ces années-là est la suivante : « Puisque je dois faire comme les grands, mon lit, mon travail, le couvert, alors je veux pouvoir faire comme les grands, me coucher tard, sortir le soir, m'acheter des trucs. » Les négociations vont donc s'engager. Tu veux un compte en banque ? Mais seulement si tu pointes tes relevés. Tu veux ta chambre ? Mais seulement si tu passes l'aspi une fois par semaine. Tu veux manger au Mac Burger ? Mais seulement si tu te débrouilles pour manger équilibré (est-ce possible ?). Tu veux un portable ? Mais tu t'arranges avec ton forfait bloqué pour avoir toujours de quoi me prévenir si tu rentres plus tard.

On ne parle (presque) plus d'apprentissage des tâches du quotidien, mais de responsabilités.

Certains psychologues proposent, pour ne pas laisser de place aux divagations, de signer des contrats écrits et précis. Pourquoi pas, si cela rend l'échange de bons procédés plus solennel et plus efficace ?

Une autre manière de les motiver est de leur apprendre à se fixer des objectifs. Nous y reviendrons en détail dans le chapitre sur la scolarité, mais sachez déjà qu'un objectif à long terme, s'il est suffisamment enthousiasmant, peut donner des ailes. N'avez-vous pas vu certains gamins de 15 ans faire des pieds et des mains pour gagner de quoi se payer, enfin, de quoi s'offrir un scooter ou un voyage aux States ?

Indépendamment de l'intérêt de l'objectif lui-même (apprendre à faire un gros achat, à organiser un voyage), vous avez là une occasion rêvée de marchander quelques corvées, en priant pour qu'une fois l'objectif atteint... il s'en trouve un autre !

Nous espérons que vous n'avez pas acheté ce livre après une grosse crise de nerfs avec Fille Aînée, 15 ans, qui, non, ne veut pas nettoyer les graffitis qu'elle vient de bomber sur les murs de sa chambre. Nous non plus, nous ne trouvons pas que « Vivre vite, Mourir jeune, Laisser un beau cadavre » en rouge sang sur son papier peint à fleurettes jaunes (choisi quand elle avait encore des couettes) soit du plus bel effet décoratif. Quant à elle, elle s'en fiche pas mal, de l'effet décoratif. Tous les psys vous l'ont déjà dit : ce qui compte pour elle, c'est l'effet que ça a sur vous. Si ça ne vous plaît pas, c'est extra. Et si ça vous plaît, c'est que vous faites semblant de faire le « djeuns ». La rébellion est en marche.

Va-t-elle perdre toutes les bonnes habitudes gagnées à coup de chronomètre et de tableaux à croix ? Si vous avez un modèle vraiment rebelle, il y a des chances que oui, pendant quelques années. Cependant, nous considérons que des habitudes prises – si elles peuvent se perdre – sont plus faciles à reprendre que des habitudes que l'on doit prendre pour la première fois à... 18 ans. Et puis, ne vous plaignez pas, elle ne fait plus son lit, peut-être, mais elle continue de se laver les cheveux deux fois par jour...

Les outils

Agendas et calendriers

La gestion du temps est une constante de l'autonomie. Ainsi, c'est lorsque vous voyez votre enfant vaquer tout seul à ses occupations, sans attendre que vous lui donniez l'impulsion, que vous le trouvez grandi, plus mûr.

À 3 ans, il n'a pas encore tellement conscience du temps qui passe. Il se mélange les pédales entre hier et aujourd'hui, entre « quand j'étais grand » et « quand je serai petit ». Mais il est déjà capable de suivre un rituel de quelques éléments : faire à la suite, tous les jours ou presque, la même série de tâches.

À l'école maternelle, la maîtresse va bientôt lui faire découvrir les jours de la semaine et les moments de la journée. La maligne utilise en général des calendriers à velcro ou à aimants pour écrire la date, et éventuellement décrire le temps qu'il fait. Vous trouverez les mêmes systèmes dans le commerce, avec, en plus, une option « agenda ». En effet, vous pourrez, grâce à de petites vignettes, dérouler les principaux événements de la journée de votre enfant : l'école, la cantine, le cours de musique, le toboggan... Les plus créatifs sauront en bricoler un avec quelques chutes de carton ou de tissus. Grâce à ce calendrier, vous allez apprendre le temps à votre enfant, et surtout lui montrer son premier « rituel de l'agenda » du soir, car le calendrier ou l'agenda n'ont d'utilité que si l'on s'en sert... et le consulter et le mettre à jour tous les soirs, c'est la base de son utilisation.

À 6 ans, il commencera à voir plus loin que le bout de la journée. Il pourra programmer sa semaine ! Et peut-être aura-t-il envie de fabriquer un calendrier hebdomadaire avec vous, car il connaîtra les jours de la semaine dès la première année de l'école primaire. C'est aussi dans cette classe qu'il fera la connaissance du cahier du soir ou cahier de devoirs, celui qui deviendra, plus tard, un cahier de textes.

Le cahier de textes ou l'agenda de textes est très vite préconisé puisqu'il apparaît dès la troisième année. Chaque année, votre enfant le choisira avec soin, d'autant que, vers le collège, il commencera à le personnaliser et à l'investir totalement. C'est une habitude que beaucoup perdent à la sortie de la vie lycéenne, et c'est regrettable... Donc encouragez-le.

Nous reviendrons sur l'usage du cahier de textes dans le chapitre traitant de l'organisation scolaire, mais cet outil doit être bien choisi (voir encadré), car c'est avec lui qu'il apprendra à gérer son temps.

Rapidement, il sera utile, tout en respectant le côté « pas totalement privé » de l'outil, qu'il apprenne à y mentionner ses rendez-vous, ses obligations, et bien sûr les vacances, les activités extrascolaires, etc. Encouragez-le à inscrire également, peut-être une fois par semaine ou une fois par mois, des choses qu'il veut faire. Tout n'est pas possible à chaque fois, mais y penser, l'envisager peut être motivant pour boucler toutes les autres tâches.

Vous lui apprendrez à consulter son agenda tous les soirs pour préparer soigneusement sa journée du lendemain (sa tenue, le contenu de son sac – s'il doit sortir –, les documents à rapporter, les devoirs à rendre, etc.) et à ajouter les événements à venir. Qu'il le fasse avant le coucher ou juste après les devoirs n'a pas vraiment d'importance, il apprend juste la base de l'organisation : prévoir. Un grand pas pour limiter le stress quotidien.

Les profs parlent des agendas de texte

L'agenda (une page ou une demi-page par date) semble plus pratique que le « cahier de textes » (une série de pages par jour de la semaine, où l'on note tous ses devoirs pour un mardi, pour un jeudi, etc.), même s'il est un peu plus encombrant, et souvent plus cher pour l'usage que les enfants en font dans les petites classes. Si les enfants, et plus tard les collégiens et lycéens, sont libres de les personnaliser à leur idée, ils doivent cependant savoir que n'importe quel professeur peut demander à un élève de lui montrer son cahier de textes, même s'il risque d'y trouver la liste des filles dont votre fils a brisé le coeur cette année.

Une fois maîtrisé l'agenda, reste le calendrier familial. Oui, celui avec de grandes cases qui trône souvent dans la cuisine. Bonne ou mauvaise idée ? Tout dépend de l'âge et de l'autonomie de chacun. Si vous choisissez d'en avoir un, c'est parce que les membres de votre famille ont tendance à vivre indépendamment les uns des autres, et n'ont pas envie de demander la permission de sortir à chaque fois qu'on leur fait une proposition. Par exemple, si Fille Aînée veut vérifier qu'aucun babysitting n'est requis samedi soir (quand vous sortez au théâtre), elle dira plus vite à Amandine que c'est d'accord pour sortir en boîte, enfin... si elle trouve 40 euros dans les 24 heures. Et elle notera sa sortie sur le calendrier, pour que vous ne l'attendiez pas, terrorisée, jusqu'à 5 heures du matin (oui, elle a 19 ans, et alors ?). C'est que le calendrier familial n'est utile, lui aussi, que si l'on s'en sert. Donc, il faut le mettre à jour très régulièrement. Décider d'un moment rapide, chaque semaine, où on le mettra à jour est de bon augure pour son efficacité.

Les ordinateurs

Faut-il vraiment avoir un ordinateur à la maison pour bien s'organiser ? Certes non, demandez à nos grands-mères. Mais l'appareil nous ouvre souvent des perspectives que nous n'avions pas envisagées. Ainsi, il peut servir à stocker des documents que l'on peut imprimer à volonté : check-lists, plannings, rituels avec des petits dessins...

Parallèlement, certains sites Internet proposent d'organiser toute la famille, sous la forme de calendriers consultables de n'importe quel ordinateur. Comme le calendrier familial, celui-ci demande une mise à jour régulière.

Bien sûr, selon les logiciels disponibles, un ordinateur est parfait pour gérer une collection, tenir ses comptes (mais il faut toujours les faire quand même !), apprendre à manier son clavier, chercher un petit boulot ou de bonnes recettes de cuisine, imprimer des invitations chouettes pour une fête ou les faire directement par e-mail, faire des jeux sur la prévention routière, etc., mais toutes ces choses-là se faisaient avant que l'informatique apparaisse. De toute façon, les seules choses qui passionnent votre enfant sur un ordinateur, ce sont les jeux vidéo et chatter avec les copains qu'il vient de quitter à la sortie du collège.

Conclusion : ne pensez pas que vous avez besoin d'un ordinateur pour que vos enfants deviennent organisés, même s'il peut faire office de motivation. Cependant, si votre enfant est ouvert aux hautes technologies plus qu'à votre conversation, vous pouvez lui envoyer la liste de ses tâches quotidiennes par e-mail. Cela est même programmable sur certains sites « agendas » : il recevra tous les jours un e-mail par tâche à effectuer ; à lui de les effacer une fois faites.

Les téléphones

En ce qui concerne la sacro-sainte ligne fixe de la maison, votre enfant n'aura pas besoin de beaucoup de cours pour apprendre à l'utiliser. **Vers 4-5 ans**, il comprendra enfin que Mamie, à l'autre bout du fil, ne voit pas quand il hoche la tête silencieusement. Et **à 6 ans**, il apprendra avec joie son numéro par cœur (ce qui est très utile en cas de problème). À vous de voir si vous souhaitez aussi lui faire apprendre votre numéro de portable, celui qui permet de vous joindre à tout moment.

Les choses se compliquent quand les enfants répondent au téléphone :

« Allô ! Allô, bonjour, qui es-tu ?

— C'est Pépette, j'ai 4 ans et toi ?

— C'est le monsieur de la banque.

— Ah oui, et euh... tu as déjà goûté toi ? Moi j'ai eu un bonbon rouge.

— Je peux parler à ta maman ?

— Elle est pas là, c'est Mamie qui est là. Au revoir Monsieur ! »

Dans beaucoup de familles, le téléphone n'est donc pas à la portée des plus petits... Tout dépend des personnes qui appellent chez vous. Si vous recevez des coups de fil professionnels, vous aurez au moins le soin de prendre une ligne séparée avec consigne de ne répondre qu'au téléphone « du salon ».

Quelques années plus tard, vous pouvez créer un cahier de messages, ce qui vous sera bien utile pour récupérer les messages du téléphone (date, destinataire, nom de l'appelant, son numéro, son message), ceux du répondeur ou même ceux de la copine passée là par hasard ou de Papa parti faire les courses. Pour les familles adeptes de la rampe de lancement (un casier, tiroir ou étagère spéciale par membre de la famille dans l'entrée), un post-it placé à cet endroit fera aussi l'affaire.

Vers 12 ans, ça va commencer à le chatouiller :

« Dis, pour la rentrée, je pourrais pas avoir un portable ? » Vous répondrez... « Mais nous avons un forfait illimité pour le téléphone fixe, pourquoi n'en profites-tu pas ? » « Parce que tu attends toujours un coup de fil méga-important... » « Ah ? Et c'est important de savoir si Cyrielle a pris le bus ou le tram pour rentrer chez elle ? » Bon, vous ne comprenez rien aux ados, et pourtant, vous vous rappelez bien en avoir fait (presque) autant quand vous aviez leur âge.

Les avantages du portable pour un ado sont les suivants : pour lui, de pouvoir appeler ses amis sans occuper la ligne de téléphone familiale, de pouvoir le faire de n'importe quel endroit, d'organiser un rendez- vous avec des amis même s'il sort tout juste de cours ; pour vous, de pouvoir le joindre à tout moment (sauf pendant les cours) pour savoir où il est, de pouvoir être prévenu du moindre retard, évitant ainsi inquiétudes et attentes impatientes.

Les inconvénients du portable pour la famille sont les suivants : le montant du forfait, le fait qu'il le dépassera au moins un mois sur deux, le prix de l'appareil, le fait qu'il sera cassé ou perdu au moins une fois par an, qu'il y aura bientôt chez vous autant de lignes téléphoniques que de personnes, et donc qu'il sera de plus en plus compliqué de communiquer entre vous sans être dérangés, y compris aux moments où les grands-parents ne répondent même pas à la ligne fixe (« Laisse, laisse, on peut quand même dîner tranquilles, non ? »).

À vous de peser le pour et le contre et de fixer les règles qui conviennent. Pour notre part, nous nous sommes contentées d'aller voir des spécialistes du sujet pour leur demander leur avis sur les moyens de limiter les inconvénients tout en favorisant les avantages... sans grande conviction toutefois. Notez cependant que votre ado gagnera, avec un portable, la fonction agenda, qui lui permet de faire sonner son appareil à l'approche d'une heure prévue et qu'il n'aura donc plus aucune excuse pour rentrer en retard de chez Bob.

L'usage du téléphone mobile

Selon une étude de l'Observatoire sociétal du téléphone mobile AFOM/ Sofres, 70 % des 12-14 ans ont un téléphone mobile, et 33 % des 12-24 ans considèrent que l'on ne peut pas s'en passer.

L'usage d'un téléphone mobile doit s'entourer de quelques règles de sécurité : on n'utilise pas un mobile en conduisant un deux-roues ou en faisant du roller ; on ne le pose pas en évidence à un endroit où un voleur serait tenté de le prendre ; on ne téléphone pas et on ne donne pas son numéro de mobile à n'importe qui. Bien sûr, on doit être capable de respecter les endroits où le silence est de mise : salles de cours, de spectacle, bibliothèques, lieux de culte, hôpitaux. Concernant votre facture de téléphone, vous aurez intérêt à contracter un forfait bloqué. Des services du type « appelle-moi » ou « recharge-moi » permettent d'envoyer un SMS automatique à quelqu'un (vous, par exemple !) pour lui demander de rappeler immédiatement ou de recharger le portable à distance, même une fois le forfait épuisé.

Horloge et chronomètre

La gestion du temps nous poursuit partout. Il est donc prioritaire de mettre des horloges au moins dans les endroits où l'on n'a pas sa montre au poignet, comme dans la salle de bain et près des lits. Dans les familles où certaines personnes n'ont pas de montre, il en faudra une par pièce environ, à moins de compter sur les multiples appareils qui donnent l'heure (et que l'on remet à l'heure à chaque micro-coupure).

Dès que possible, chaque enfant choisira son propre réveil selon son plaisir (plutôt hard-rock ou chants d'oiseau ?), avec la fonction qui fait sonner le réveil plusieurs fois, si l'on se contente de lui donner un grand coup et de se rendormir.

Si un objet pouvait vous aider, principalement, à rendre votre enfant plus autonome, ce serait le chronomètre. Il se présente sous diverses formes : minuteur pour la cuisine, minuterie du micro-ondes ou du four, chronomètre sportif, portable ou réveil qui sonne opportunément... En quel honneur ? C'est très simple : appelez un enfant de 5 ans ou plus et dites-lui « allez, on fait un jeu, tu dois ramasser tous tes jouets avant que ça sonne », puis branchez le chrono 5 minutes. Dans un autre genre, vous pouvez tenter avec Mademoiselle Cadette : « je sais que c'est pas drôle de faire des divisions, alors tu t'entraînes pendant 15 minutes et ensuite on se fait un chocolat », puis branchez le chrono. Ça marche aussi pour vous : « Pépette, tu me laisses encore 10 minutes et quand ça sonne je te donne tes Chocopox ». Magique.

Un chrono sert aussi à mesurer l'influence terrible des chronophages. Quand votre ado vous annonce « mais non, M'man, je ne passe pas trois heures par jour devant la télé, et puis c'est que des émissions où j'apprends des choses, j't'assure... », et que vous riez jaune en pensant à ses résultats scolaires, pourquoi ne pas lui faire chronométrer ses activités, pour voir ? « Tu vois, hier, tu as passé une heure entière à regarder des mangas sur ChannelMômes au lieu de faire tes devoirs... ça t'a appris quoi, exactement ? ».

Évidemment, les chronophages sont assez nombreux et variés pour ne pas les citer tous, mais voici les exemples les plus courants : télé, jeux vidéo, lectures inutiles, rangement, téléphone, loisirs superflus, toilette et coiffure, grasses matinées, Internet...

Après ce genre de diagnostic, ne maugréez pas. Demandez simplement à votre enfant s'il a envie que vous l'aidiez à réduire ce temps, s'il le considère comme du temps perdu. Cherchez ensemble des solutions pour fixer des limites, réduire le temps de rangement ou, qui sait, le temps passé dans la salle de bains...

Autres indispensables et superflus

Le classeur de maison

Dans la catégorie « bible », vous pouvez créer, même si cela prend un peu de temps, un classeur de maison qui permettra à vos enfants d'y vivre quelques jours sans être obligés de vous appeler toutes les heures. Vous y rangerez tous les numéros importants et utiles, les emplois du temps de chacun, les menus de la semaine, les horaires des endroits où vos enfants vont souvent, la liste des corvées ménagères à effectuer et à quelle fréquence, le menu de Allô Pizza, les horaires des bus, le mode d'emploi pour faire les biberons de Pépette et les instructions standard pour n'importe quelle baby-sitter. N'oubliez pas de le montrer à vos enfants en précisant l'intérêt de chaque page.

La liste des tâches

Les listes des tâches qui vous seront utiles (avec ou sans tableau à croix) sont en réalité ce que l'on appelle des « rituels »[1]. Par exemple, si votre enfant a eu du mal, à une période donnée, à s'endormir, votre pédiatre vous a recommandé le célèbre « rituel du coucher » : faire tous les soirs les mêmes choses dans le même ordre. C'est tellement rassurant de voir qu'au moins, à un moment de la journée, les événements sont prévisibles. Si vous avez ajouté à ce rituel du coucher une petite tâche comme se laver les dents, votre enfant y pense tout seul. Il a l'habitude d'aller dans la salle de bains sans qu'on l'y pousse, dès la fin des Téléchoupies. Si vous lui mettiez son assiette à débarrasser entre les mains pour qu'il

1. 1. Pour en faire aussi pour vous, voir notre ouvrage *S'organiser, c'est facile !*, Éditions Eyrolles, 2007.

passe à la cuisine avant de filer à la salle de bains, il ne lui faudrait pas très longtemps pour en prendre l'habitude... Faire donc une liste des tâches, jolie, illustrée par de petits dessins, vous aidera réellement dans vos relations avec vos enfants. « Tu as fini ta liste ? », au lieu de « Pyjama, c'est fait ? Les dents, c'est fait ? Le museau, c'est fait ? Le cartable, c'est prêt ? »

Vous voyez le truc ?

La rampe de lancement

Justement, en parlant de cartable prêt... Une maison s'organise difficilement sans une rampe de lancement. Imaginez un endroit près de votre entrée où chacun aurait un petit endroit qui lui servirait **à** la fois de boîte aux lettres personnelle et de base de démarrage avant de quitter la maison. Oui, en rentrant le soir, il irait voir cette étagère (ce casier, cette caisse, ce que vous voudrez) et y trouverait son courrier et le post-it pour lui rappeler son cours de piano. Et dans la journée, il y mettrait tout ce qu'il doit emmener à l'extérieur de la maison : les livres de bibliothèque lus (à rendre), la gomme de Sacha, son cartable, son sac de piano, ses chaussures... Il suffirait de le mettre en place pour que ça marche, et c'est le cas dans la plupart des maisons organisées.

Des pistes pour créer vos rituels du matin et du soir

- **Le soir : 1) consulter le programme de demain dans son cahier de textes, son agenda, son calendrier ou auprès de Maman pour savoir s'il y a quelque chose de précis à préparer avant de se coucher ; 2) vérifier son cartable et y mettre tous les documents (administratifs ou scolaires) à ramener le lendemain ; 3) préparer ses vêtements pour le lendemain ; 4) ranger rapidement sa chambre ; 5) mettre son réveil ; 6) se mettre en pyjama ; 7) faire sa toilette.**
- **Le matin : 1) se lever ; 2) faire sa toilette ; 3) s'habiller ; 4) prendre son petit-déjeuner ; 5) prendre son sac ; 6) partir à l'école.**

Dans la série des trucs totalement inutiles, on a essayé :

- Les gadgets en tubes ou en accordéons pour ranger les chaussettes et, soi-disant, gagner de la place (mais si on veut la paire qui est au milieu du tube ?).
- Le panneau à poches non transparentes (vous avez dit fourre-tout ?).
- L'armoire rose avec des fleurs jaunes, à la taille de Pépette (mais pour combien de temps ?).
- Le réveil, pour un môme de 6 ans qui a le sommeil tellement lourd que vous avez le temps de sortir de la douche et de l'éteindre sans que votre enfant ouvre l'œil.

Dans la série des choses utiles, mais c'est à vous de voir :

- Des livres, des livres, des livres, qui expliquent toutes les choses que vous voulez enseigner à votre enfant pour que ses compétences soient mises en situation.
- Des jouets pour faire « comme Papa et Maman » sans que ce soit dangereux.
- Des post-it qui feront office de rappels des différentes tâches dans la maison : « je me douche, je me lave le visage et je me mets de la crème », collé sur le miroir de la salle de bains.
- Un feutre à textile pour marquer son nom sur tous les vêtements qui partent à l'école.
- De la patience...
- De la patience...
- De la patience...

À 18 ans, il devrait être capable de...

- Dire non à une personne qui lui demande quelque chose de dangereux ou de gênant pour lui.
- Ranger le matériel qu'il a utilisé pour mener une tâche à bien, dès qu'elle est terminée.
- Prendre une décision qui le concerne.
- Utiliser un agenda.
- Répondre au téléphone.
- Noter un message à transmettre.
- Préparer le soir sa journée du lendemain.

Fiches pratiques

Des idées rigolotes pour motiver les enfants et les ados à effectuer les tâches quotidiennes

L'arbre à tâches

Pour les plus jeunes, faites un arbre à tâches. Dessinez un arbre, et sur chaque feuille, notez une tâche à accomplir par votre enfant. À chaque tâche accomplie, il colorie la feuille en vert. Et quand l'arbre est complet, vous lui accordez une récompense.

La magie

Le Père Noël apporte des cadeaux en pleine nuit, et la Petite Souris remplace les dents de lait par une pièce sans se faire écraser sous l'oreiller (aucune trace n'a encore été trouvée !), alors pourquoi ne pas inventer une Fée du logis ? À vous de voir si quelqu'un devra l'incarner ou non (à vos déguisements !), mais elle pourrait bien apparaître, régulièrement, sur le pas de votre porte ou au milieu de la chambre de vos enfants pour vérifier qu'ils font parfaitement ce qu'on leur a demandé. Imaginez leur bobine s'ils trouvaient, un soir, au retour de l'école, un petit mot pailleté de sa part, les félicitant pour cette chambre rutilante, avec une image de plus pour l'album d'autocollants. Et leur tête lorsque, quelques semaines plus tard, ils trouveront un autre petit mot, plein de taches d'encre, leur reprochant d'avoir oublié de faire leur lit...

Le grand défi

Organisez un défi familial, sur le modèle de la « tirelire aux gros mots ». Ainsi, si à telle heure, le soir, quelqu'un a une de ses affaires qui traîne dans le salon, il doit mettre cinq centimes dans la tirelire pour chaque objet. Même Papa et Maman. Tenir un compte (un tableau avec des bâtons suffit), et c'est celui qui aura mis le moins de pièces dans la tire-lire qui gagnera son contenu.

Les modes d'emploi

Pour chaque tâche que vous souhaitez faire accomplir par votre enfant, vous pouvez faire une fiche détaillée (nom de la tâche, produits à utiliser, marche à suivre, durée approximative). Pour les réaliser, vous pouvez utiliser la rubrique « mode d'emploi » de cet ouvrage et l'adapter à vos besoins. Distribuez les fiches à chaque enfant. Pour rendre les choses plus amusantes, vous pouvez attribuer des points à chaque fiche « faite » selon la durée de la tâche (de manière à obtenir une surprise), ou intercaler dans les fiches des tâches « plaisir », comme « jouer 15 mn à la Gamegirl », « manger une Chocobarre », etc. Si vous avez plusieurs enfants qui sont disponibles en même temps, faites une liste des tâches et annoncez que chacun devra faire sa part de, disons, trois tâches de la liste. Chacun met son nom devant une première tâche qu'il choisit et file l'accomplir aussi vite que possible pour être le premier à mettre son nom devant la suivante. Ils devraient se dépêcher pour éviter de récupérer les pires tâches ! On peut aussi laisser chacun choisir à son tour dans la liste, sans attendre que les tâches soient terminées.

En musique

Inventez des chansons rigolotes pour aller au bout des corvées les plus rébarbatives. Imaginez la chanson du rangement, à reprendre en choeur, ou encouragez les enfants d'une comptine pour qu'ils se brossent les dents. « Viens vite ranger, viens vite m'aider – À ranger, tous tes jouets – Viens ranger très vite – Tu verras ensuite – Comme ta chambre sera rangée » (sur l'air de Frère Jacques). Nous ne désespérons pas de voir apparaître sur le marché, comme cela existe déjà aux États-unis, des disques qui proposent ce genre de titres. De même, si vous donnez un nom rigolo à une tâche casse-pieds, du type « débarbouillage général de la base de nettoyage de pieds dégoûtants », cela sera plus rigolo que « faut qu'on nettoie la baignoire ». Une comptine peut également servir à retenir une série de tâches, d'autant mieux qu'on utilise des gestes. « Le matin, mon pouce va faire pipi, mon index fait son lit, mon majeur s'habille joli, mon annulaire se nourrit, et mon auriculaire se lave et sourit. »

Des idées originales pour récompenser sans encombrer

Récompenses pour des enfants de 2 ans et demi à 5 ans et demi (école maternelle)

- Une sortie : piscine, fast-food, parc, bac à sable, bibliothèque, zoo, manège, fête foraine...
- Un privilège : inviter un copain à jouer ou à dormir, aller quelque part tout seul avec Papa et/ou Maman, avoir de la mousse dans son bain, jouer à un jeu avec les parents, choisir l'histoire du soir...
- Un jeu spécial, un peu fou fou : se déguiser avec les vêtements de Papa ou Maman, faire du cheval sur le dos de Papa, être soulevé en l'air, faire du tapage avec les casseroles de la cuisine, se faire prendre en photo pendant 15 mn en train de faire des clowneries, sauter sur le lit...
- Et plein d'autres choses que l'on a la flemme d'organiser quand ils ne nous aident jamais : se maquiller, fabriquer des marionnettes, faire un gâteau, se déguiser, faire de la pâte à modeler, faire du vélo, faire une ronde, sortir sous la pluie, faire un pique-nique au square, chanter ensemble, choisir son dessert, faire de la peinture...

Récompenses pour des enfants de 6 ans et demi à 11 ans (école élémentaire)

- Sorties : en plus de celles données ci-dessus, on peut ajouter le restaurant pour les plus grands qui aiment ça, ainsi que les matchs, le cinéma, le skate-parc...
- Privilèges : en plus de ceux mentionnés ci-dessus, on peut ajouter quelque chose en rapport avec la déco de sa chambre ou la customisation d'un vêtement, le droit d'appeler un ami ou un parent au téléphone tout seul.
- Petit cadeau : une page de coloriage imprimée sur l'ordinateur.
- Activités : travaux manuels, jardinage, cuisine, etc.

Récompenses pour les adolescents

Chez les ados, on a coutume de partir du principe que, plus un jeune se montre responsable, plus il obtient de libertés. À vous de moduler ce principe selon le caractère de vos enfants.

Ainsi, il obtiendra le droit d'inviter des amis, de prendre des cours de batterie, d'avoir son compte en banque, de dépasser le couvre-feu une fois par semaine, d'avoir un portable, de sortir un après-midi ou un soir, d'aller au collège en scooter, de faire ses courses de rentrée tout seul, d'aller voir un concert sans vous, de rester à la maison seul les jours et/ ou les soirs où vous sortez chez vos amis les Rasoirs, de partir en voyage seul, d'aller en stage de canyoning, de passer son permis de conduire...

Je reporte, tu « procrastines », il remet à plus tard...

La procrastination est l'habitude de remettre une tâche à plus tard. Tout le monde le fait un jour. Cela devient problématique quand on le fait sans arrêt. On garde ses devoirs pour le dimanche soir, alors que « quand même, Fils du Milieu, tu avais toute la semaine pour faire cet exercice de math ! », on attend le dernier moment pour se raser les gambettes (quand il y a foule dans la salle de bains), on pose un objet là en attendant pour le ranger plus tard – ou l'enterrer sous une pile... Les raisons sont nombreuses, mais le plus souvent, il s'agit du fait que :

- La tâche à accomplir l'ennuie (exercice de physique, vaisselle), voire le rebute (rangement) : il a alors besoin d'être motivé ou bien qu'on l'aide à chercher un moyen plus agréable de le faire (mettre la radio dans la cuisine, faire ses maths avec une copine), ou un moyen plus facile (système de rangement intelligent), voire ludique.
- Il se sent débordé (rangement de chambre tendance Waterloo, exposé, nouvelle tâche mal maîtrisée) : il a besoin d'aide. Vous lui montrerez soit comment partager un gros travail en petites étapes simples, soit comment fixer des priorités (il ne sait pas par quoi commencer), soit comment faire pour que les corvées ne prennent pas aussi longtemps qu'il ne le pense (utilisez un chronomètre).

- Il fait de la résistance passive, s'invente des excuses : il a besoin de règles claires pour certaines tâches, comme un horaire précis pour ses devoirs, un calendrier pour une opération de longue haleine.
- Il a peur de l'inconnu, de décevoir, d'être jugé, critiqué ou puni, de l'échec ou de la réussite : il a besoin de votre soutien, des preuves qu'il peut y arriver, et que ça ne lui apportera que du bon ; il a aussi besoin d'être pardonné en cas d'erreur.
- Il est perfectionniste, il attend le bon moment et la bonne inspiration : il a besoin qu'on lui fasse confiance mais que l'on admette la possibilité d'une erreur ou d'une imperfection ; certaines choses méritent d'être faites parfaitement, mais elles sont rares.
- Il est désordre, du coup la tâche lui paraît énorme quand il faut chercher d'abord le matériel, puis le ranger ensuite : il a besoin qu'on lui apprenne à ranger régulièrement ses affaires et d'un système de rangement intelligent pour que cela soit plus facile.

Chapitre 2

Prendre soin de son bien-être

« Quand on a la santé, c'est pas grave d'être malade. »

Francis Blanche

Toilette, jeux d'eau, repas difficiles, crêpes-parties, gastros, petits bobos… Le lot quotidien des parents ! Comment aider votre enfant à prendre toutes les bonnes habitudes pour être propre et bien habillé (avant midi) ? Protéines, glucides, lipides, comment lui apprendre à faire la part des choses dans la jungle nutritive ? Comment l'envoyer se faire cuire un œuf, pour de vrai ? Comment lui donner l'habitude de faire de l'exercice ou de raconter ses petites maladies ? Un chapitre pour en faire un enfant propre et en bonne santé, et qui se prend en charge !

Hygiène : minois cracras et cheveux gras

Trois ans et toutes ses dents (ou presque), ainsi que de jolies moustaches en chocolat et des traces de jeux du square... Oui, il va falloir récurer tout ça.

N'oublions pas les mains...

On sait à quel point ce sont plus souvent des mains sales qui transmettent les maladies que les pieds nus et l'absence d'écharpe – contrairement à ce que pensaient nos grands-mères. Il faut donc, au plus tôt, apprendre à nos petits à se laver les mains en de multiples occasions.

Au plus tard vers 3 ans, expliquez-leur qu'ils doivent bien frotter leurs mains après y avoir mis du savon et avant de les passer sous l'eau (ils ont tendance à oublier cette étape). Si vous n'avez pas d'eau et de savon à disposition, les lingettes ou les petites bouteilles de solutions antimicrobiennes que l'on trouve en parfumeries permettent de désinfecter les mains sans eau. Mais à la maison, le grand favori reste le savon liquide du type « on pousse et ça mousse », dont ils disposent souvent également à l'école.

Simplifiez-vous la vie !

Il y a des risques importants de brûlure si vous le laisser utiliser seul le robinet. Pour les éviter en premier lieu, commencez par régler (ou faire régler) votre thermostat à une température raisonnable. Si votre eau chaude est bouillante à la sortie du robinet, il y aura des accidents, et vous ne pourrez pas laisser votre enfant une minute sans risque.

... et la bouille

Crottes de nez, cacas d'yeux et moustaches au chocolat sont souvent découverts dans la voiture ou sur le chemin de l'école. « Ah, Petit Dernier, je crois que tu as oublié de te nettoyer la figure ! Mais que va penser la maîtresse ? » Elle va penser que vous devriez toujours avoir sur vous de quoi parer à ce type d'inconvénients : lingettes ou mouchoirs en papier. Cela vous évitera de lécher un vieux mouchoir... Et limitez les occasions en lui apprenant à bien nettoyer sa bouche avec sa serviette après chaque repas. Pour la toilette du matin, si vous espérez que votre enfant se nettoie le visage seul, il faudra aussi lui procurer un miroir à sa hauteur (on peut utiliser un petit miroir à main).

Se moucher est une entreprise compliquée pendant quelques années. Comment expliquer la manière de renifler et de se moucher ? Il est recommandé de montrer comment on se mouche en soufflant par le nez sur une bougie (il faut faire bouger la flamme), une bonne idée à pratiquer avant le rhume ! Pensez bien sûr à glisser un paquet de mouchoirs en papier dans le cartable ou dans la poche dès la rentrée en primaire, car ce n'est normalement plus aux institutrices de gérer les morveux à cet âge-là.

Brosse, brosse, brosse tes dents...

Même si l'hygiène voudrait que tout un chacun se brosse les dents après chaque repas, les dentistes sont conscients que c'est une exigence encore difficile à satisfaire : à l'école, nulle pause brosse à dents après la cantine ! Dans un premier temps, habituez-le bien à brosser ses jolies dents de lait deux fois par jour (matin et soir). Au début, vous devrez finir le travail, puis le coup de main viendra, parfois avec l'aide d'un gentil dentiste et de sa mâchoire géante (sans compter l'échantillon de dentifrice à la fraise). Pour contrôler la durée, qui est d'au moins trois minutes, vous pouvez utiliser un simple sablier, un minuteur, ou chanter une « chanson des dents » de votre invention. De temps en temps, brossez-vous les dents en même temps que lui. C'est amusant de faire comme Papa ou Maman et de bredouiller à plusieurs, la bave aux lèvres...

Par la suite, vous mettrez en place un « contrôle de dents » : cela consiste à vérifier que votre enfant accomplit bien les bons gestes et n'oublie pas les dents du fond. C'est le moment de rappeler les bonnes positions et de distribuer une petite récompense si c'est bien fait.

N'oubliez pas qu'une brosse à dents se change tous les deux mois ; l'occasion d'en choisir une à leur mesure et à leur goût peut aussi les motiver ! Et laissez-le essayer les nouveaux arômes de dentifrice... En arrivant au collège, il pourra s'armer d'une mini-trousse avec brosse pliante et dentifrice pour se précipiter au lavabo après chaque repas. Ou bien vous lui offrirez vos chewing-gums spéciaux, ce qui est toujours mieux que rien !

Dès l'âge de 6 ans, prendre rendez-vous une fois par an chez le dentiste est une bonne habitude à instaurer, même si vous ne voyez aucune carie sur les dents de lait de Petit Dernier. Au moins, il s'habituera à la dame en blanc chez qui ça sent le clou de girofle… En France, l'assurance maladie vous encouragera par un bilan bucco-dentaire obligatoire et gratuit à 6 et 12 ans.

Le geste écolo !

Le réflexe vert

Limitez les emballages ! Choisissez plutôt du savon solide que liquide (en flacon plastique), et privilégiez les produits deux en un, comme le shampoing-démêlant.

Enfin le bain…

La plupart des enfants sont les rois de la patouille et traînent des heures dans une baignoire, surtout si elle est assortie d'animaux cracheurs et de casseroles pour faire une soupe de poissons. Ça, c'est leur partie.

Pour la vôtre, un chouette gant de toilette et un savon rigolo, et hop ! Apprenons-lui à se savonner partout. Il peut le faire dès l'âge de 3 ans. Demandez à ce qu'il insiste sur les endroits les plus odorants (ben oui) et ceux qu'il a l'habitude de salir le plus souvent. Vers 5 ans vient le moment de la toilette en solo, sans l'aide de Maman ou Papa. Comme pour les dents, vous passerez faire un tour de temps en temps (en respectant la pudeur de votre enfant, bien entendu) pour vérifier que les omoplates et le derrière des genoux rencontrent le savon.

Les jouets de bain sont formidables, mais ils ont besoin d'être rangés après chaque baignade. Filet spécial ou bassine en plastique, plus le contenant est simple, plus vite ça se fera. Mais vous veillerez quand même à passer tout cela au lave-vaisselle de temps en temps. Attention aussi à bien vider les animaux et autres ballons cracheurs en caoutchouc avant de les ranger, au risque de récolter des miettes de moisi noir au prochain bain !

Puis c'est votre enfant qui s'amusera à rincer la baignoire (avec votre aide, au début, pour éviter les Grandes Eaux de Versailles dans votre salle de bains). C'est ainsi qu'il apprendra à ranger ses affaires de toilette après chaque séance, une fois devenu grand. Eh non, on ne laisse pas traîner son peigne et sa brosse à dents. Eh oui, on rince la baignoire et le lavabo derrière soi... On peut même passer un petit coup d'éponge sur le fameux « anneau du bain » qui se dessine joliment après chacune de ses expériences.

À la sortie du bain, il faut encore se sécher. Devant, c'est facile, et pour le derrière, on peut montrer comment on passe la serviette derrière soi : on attrape un bout dans chaque main, on tire d'un côté puis de l'autre pour que le dos soit bien frotté. Pour qu'il n'oublie pas de remettre sa serviette à sa place, offrez-lui ses propres serviettes ! Ainsi, le coupable qui a abandonné sa serviette en bouchon par terre sera vite démasqué.

Faire couler son bain

- **S'assurer que personne n'a besoin d'utiliser la salle de bains dans les minutes qui suivent.**
- **Tourner d'abord le robinet d'eau froide, puis ajouter progressivement de l'eau chaude jusqu'à ce qu'on atteigne la température désirée.**
- **Rester dans la salle de bains pour surveiller le remplissage du bain, ou bien, si besoin, mettre un minuteur sur 1 ou 2 minutes pour ne pas l'oublier.**
- **Avant de se glisser dans l'eau, s'assurer que l'on a sous la main de quoi se laver : savon, shampoing.**
- **Vérifier la température. Si c'est trop chaud ou trop froid, on peut ajouter de l'eau de manière égale en utilisant la douche.**

L'autre question importante : à partir de quel âge puis-je laisser mon enfant tout seul dans son bain, sans risque qu'il ne se noie ? Le Guide des urgences de l'enfant et du nourrisson[2] recommande une surveillance continue jusqu'à 4-5 ans, a fortiori si deux enfants se baignent ensem-

2. *Le guide des urgences de l'enfant et du nourrisson*, Croix Rouge, Tribune Santé, 2002.

ble. Pour notre part, nous considérons que vers 3 ans, vous pouvez vous contenter de tendre l'oreille (pas de musique à fond) et vous précipiter à la moindre anomalie (un grand bruit, ou plus de bruit du tout...), en restant dans une pièce voisine. Dans tous les cas, ne remplissez pas trop la baignoire, c'est inutile et dangereux, et pensez à mettre un tapis antidérapant au fond pour limiter les glissades.

Attendez encore quelques années avant de laisser votre enfant faire couler son bain seul (vers 8-9 ans). Pour les cheveux, il aura bien 10-12 ans le jour où il n'aura plus besoin de votre aide. Bizarrement, malgré l'apparition des shampoings « qui ne piquent pas », les petits sont toujours aussi récalcitrants à l'idée d'avoir de l'eau sur la tête. Imposez un rythme (selon la nature de cheveux et la coupe du zozo) et tenez-vous y. La plupart des techniques et outils pour limiter l'eau dans les yeux (visière, gant de toilette sur les yeux, etc.) sont d'une efficacité variable selon les enfants, mais testez, vous trouverez sûrement la vôtre. On démêlera à la sortie du bain (sachant qu'il est souvent plus facile de peigner des cheveux qui ont déjà été démêlés avant le lavage).

Pour les ongles, c'est un coup à prendre. La plupart des gens ont moins de difficultés à se couper les ongles avec un coupe-ongles qu'avec une paire de ciseaux destinée à cet effet. Laisser une brosse à ongles sur le bord du lavabo permettra à chacun de l'utiliser, si besoin, au moment de se laver les mains.

PAROLES DE PARENTS

« Ma fille refusait de mettre la tête dans l'eau jusqu'à ce que j'invente "le crabe". Dès qu'elle a une oreille sous l'eau, je fais courir mes doigts sur le bord de la baignoire en fonte, ce qui produit un bruit amusant qu'elle a envie de réécouter à chaque fois en poussant de délicieux cris d'horreur car le crabe arrive ! »

Laurence, 42 ans, conseillère en organisation, trois filles.

Petits désagréments en grandissant…

Avec la croissance arrivent les joies de la transpiration, des poils et des boutons. Difficile pour nous de vous guider dans la jungle des complications de la puberté, et encore moins de vous dire à quel âge votre fille devrait s'épiler pour la première fois.

Si vos enfants ont l'habitude de se laver le visage tous les matins, ils n'auront pas trop de difficulté à utiliser le produit anti-boutons recommandé par leur médecin. Et ils comprendront vite qu'il n'est d'aucune utilité d'attaquer ces protubérances avec leurs ongles.

Au détour d'une conversation (peut-être même au détour de LA conversation), vous aurez l'occasion de parler poils. Ne laissez pas votre fille s'attaquer les aisselles au rasoir en cachette. Faites ensemble le tour des méthodes les plus intelligentes et donnez-lui quelques conseils. De même, Papa sera missionné pour donner à son fils son premier cours de rasage. Comme pour les filles, chacun a sa méthode, et c'est d'autant plus important de bien s'y prendre que les blessures sont beaucoup plus visibles ! Précisez bien au jeune homme et à la jeune fille qu'ils doivent aussi retirer les poils du lavabo, de la baignoire ou de la serviette après usage.

Le geste écolo !

L'épilation au naturel

Sauf exception, il vaut mieux ne pas s'épiler les avant-bras et la moustache si un décolorant à base d'eau oxygénée peut faire l'affaire. Pour les jambes, l'épilation à l'aide d'une pâte faite de sucre, miel et jus de citron est d'une efficacité redoutable et bien moins douloureuse que la cire traditionnelle. Avec cette méthode méditerranéenne datant des temps immémoriaux, pas de sensation « menton masculin après 18 heures », comme lorsqu'on utilise un rasoir. Et pas de produits chimiques suspects. On la trouve toute faite en supermarché, et son coût est très faible.

Pour ce qui est de la transpiration, apprenez-lui à changer de vêtements, à se laver régulièrement et à utiliser un déodorant discret après la douche. Contre la transpiration des pieds, il existe de nombreuses solutions, qui consistent notamment à bien aérer les chaussures, ne pas porter les mêmes tous les jours, les laver lorsque c'est possible (ce sont souvent les baskets qui prennent !), privilégier les chaussures en cuir et porter des chaussettes, de préférence en coton.

Petits secrets et grands rangements

Dans la salle de bains, vos grands enfants aimeront bien avoir chacun leur petit coin. Dans certaines familles, on a adopté le vanity-case personnel ; sous la forme d'un panier ou d'une petite valise, chacun peut transporter son kit complet : brosse et verre à dents, dentifrice, shampooing, gel douche, déodorant, maquillage, etc. C'est un bon moyen d'éviter les disputes et le désordre. Et en cas de course, Fille Aînée trouvera toujours un miroir dans la maison pour retoucher son mascara, sans avoir besoin de hurler « Mais mon maquillage est dans l'armoire de la salle de bains ! »

Il faudra aussi, si vous êtes nombreux dans la maison, organiser des tours pour la toilette de chacun. Après tout, pourquoi ne pas afficher un emploi du temps sur la porte ?

Concernant l'hygiène intime des jeunes filles, la discrétion est de mise au moment de la vérification du stock de protections hygiéniques. L'idéal serait de réserver un emplacement ou une trousse dans les toilettes où ranger tout le matériel. Et d'insister pour qu'elle coche sur la liste « standard » de courses la case « serviettes » ou « tampons », afin d'éviter les catastrophes.

Simplifiez-vous la vie !

Est-ce que nous pensons que vos filles devraient se maquiller ? Ce n'est pas à nous de vous le dire. En revanche, nous connaissons un petit truc pour vous éviter le classique effet « voiture volée » la veille d'une boum. Si vous voulez limiter cela et faire plaisir à votre fille, vous trouverez facilement dans un grand magasin un stand de cosmétiques (choisissez celui qui est le plus « dans vos moyens ») qui voudra bien lui donner une leçon de maquillage gratuite. Prenez rendez-vous et accompagnez-la. Demandez un maquillage de jeune fille, et une professionnelle la maquillera sous vos yeux. Il vous en coûtera certainement un fard à paupières, mais vous serez rassurée pour l'avenir !

Vous l'aurez compris, tout ceci a pour but d'instaurer dans la vie de vos enfants des rituels matinaux et vespéraux d'hygiène. Plus ces rituels seront respectés, plus vous avez de chances qu'ils deviennent automatiques et qu'ils soient ancrés à vie. De plus, vous éviterez bien des gastro-entérites et des caries... Pour autant, sachez être souple si la situation l'exige. On a le droit d'oublier de se brosser les dents quand on rentre tard le samedi soir (exactement comme Maman qui n'a pas toujours le courage de se démaquiller) ou de pratiquer la « toilette de chat » en cas d'embouteillage dans les douches.

Cependant, nous ne voulons pas vous leurrer : malgré nos excellents conseils, vous n'êtes pas à l'abri d'une tribu de rejetons à qui vous devrez répéter tous les soirs pendant des années : « Vous avez brossé vos dents les enfants ? » Mais, patience, à partir du jour où ils tomberont amoureux, bizarrement, la consommation de dentifrice, savon et shampooing atteindra des sommets vertigineux. Tiens, tiens... et là, vos talents pédagogiques seront enfin récompensés. Sans parler de la satisfaction secrète d'avoir évité à Fille Aînée et Fils du Milieu des disputes de salle de bains dans leur futur ménage.

Alimentation : pyramide alimentaire et bases culinaires

Si on ne les surveille pas, les enfants et les adolescents mangent n'importe quoi. Celle-ci se nourrit exclusivement de chips et de sardines en boîtes, celui-là de bananes, de ketchup et de riz au lait, et Fille Aînée vous a fait le coup du régime salade-ciboulette déjà plusieurs fois. Alors quoi faire ?

Choisir les aliments

Le psy a dit « Il ne faut pas faire des repas un moment de conflit. » Pas si simple. Après une heure derrière les fourneaux, voir Choupette cracher sur le bœuf aux carottes, c'est un peu rude. Mais globalement, tant que vos enfants semblent grandir normalement et manger à leur faim, vous n'êtes pas censé vous énerver pour que votre enfant mange ceci ou cela. La nutrition, il l'apprendra en voyant comment vous composez ses menus au quotidien. Entre 5 et 10 fruits et légumes par jour, beaucoup de céréales, un peu de protéines et pas trop de gras. Et, si possible, le moins de sucres rapides... même si c'est tellement bon.

Quand il saura lire, vous pourrez vous pencher ensemble sur les recommandations nutritionnelles de base et lui expliquer que le corps a besoin de différents carburants pour fonctionner. Si vous avez un peu de temps, à vous l'exploration des prospectus pour découper ses aliments favoris et les trier en petits tas de protéines, aliments gras, sucrés, céréales et fruits et légumes frais. À vous aussi de vérifier les étiquettes pour connaître le taux de gras de telle ou telle marque de crème dessert... Les professionnels de l'éducation et de la santé utilisent souvent des comparaisons avec des morceaux de sucre et de beurre qui sont assez parlantes, surtout pour les ados, si soucieux de leur apparence (et gros consommateurs de frites et de cola).

Simplifiez-vous la vie !

Pour éviter le grignotage d'aliments trop sucrés ou trop gras, pensez à ce qu'ils aient toujours sous la main quelques fruits (frais ou secs). Cela cale bien et c'est plein de vitamines. S'il le faut, faites un stock de fruits découpés dans le frigo, c'est plus facile à manger pour les petits.

En faisant les courses ensemble, demandez-lui de reconnaître les différents types d'aliments (lipides, glucides, protéines) et apprenez-lui à choisir les fruits et légumes frais selon leur aspect, leur prix, leur origine et la saison. Si vous avez le temps, emmenez-le au marché et laissez-le discuter avec les commerçants (qui sont souvent ravis). Montrez-lui au passage avec quoi on fait les carrés oranges et rugueux qu'il aime appeler « poissons », et les rondelles jaunes et vertes qu'il nomme « galettes de légumes ».

Dès que possible, proposez aux enfants de vous signaler les aliments ou autres éléments manquant dans la maison. Quand ils savent lire, montrez-leur un endroit où ils pourront écrire, ou cocher, pour constituer la liste des prochaines courses. Nous recommandions, dans notre guide précédent[3], de créer une liste à imprimer chaque semaine sur laquelle cocher les éléments que vous achetez régulièrement et qui manquent. L'idée est que toute la famille, y compris les enfants, puisse signaler un achat à faire dès que l'on s'en aperçoit.

Ranger la nourriture

C'est au moment de ranger les courses que vous pourrez lui expliquer comment on conserve les aliments. Pour les aliments frais, vous lui ferez remarquer la variation de température du réfrigérateur selon l'étagère où l'on place les aliments. Et après les repas, montrez-lui les différentes méthodes pour conserver les restes. Faites donc quelques expériences chimiques à base de moisissures dans le frigo en laissant volontairement traîner un beau reste inutile dans une boîte : il devrait vite comprendre l'intérêt d'une bonne conservation. Attirez son attention sur les dates de péremption en lui faisant trier les flacons d'épices (pour qu'il vous mette la honte au sujet du paprika qui date d'avant sa naissance !).

Le geste écolo !

Le recyclage

À l'école, votre enfant entendra sûrement parler du recyclage des ordures si votre ville fait partie des bonnes élèves de cette catégorie. Montrez-lui bien votre système de tri à la maison et comment vous jetez chaque objet (ou chaque sac) dans un conteneur différent. Comme ça, vous serez bientôt déchargé de la gestion des ordures… surtout si Boutonneux du Moment descend les poubelles à la même heure que votre fille !

Cuisiner

Côté cuisine, si vous entrez dans une école maternelle, vous trouverez toujours un coin prévu pour la préparation des gâteaux. On touille, on mesure, on découpe à l'emporte-pièce, on malaxe… Bref : on s'amuse.

3. *S'organiser, c'est facile !*, Eyrolles, 2007.

Lorsque Mamie ou les copains viennent pour son anniversaire, faites-lui mettre la main à la pâte, ne serait-ce qu'en décorant le gâteau avec des pastilles colorées ou en saupoudrant le plat de coquillettes de gruyère. Le but est de le mettre dans le bain...

Très tôt, vous pouvez aussi lui apprendre à manipuler la vaisselle. Dès 3 ans, un enfant peut mettre le couvert si on lui montre un couvert bien mis comme modèle, à condition de ne pas utiliser la porcelaine ancienne de Mamie Marcelle, bien sûr ! Vous prendrez juste soin, jusqu'à ce qu'il soit suffisamment adroit, de sortir la pile d'assiettes vous-même. Il peut aussi, dès 4-5 ans, se servir lui-même d'eau ou de jus de fruits, si la carafe ou la bouteille n'est pas trop lourde, et débarrasser son couvert.

Si vous rêvez d'enfants serviables au moment du couvert, pensez à ranger la vaisselle à leur hauteur !

Simplifiez-vous la vie !

En préparant des gâteaux, vous aurez bien sûr fait le tour (complet) des gestes préventifs contre les brûlures et les coupures, contre les problèmes électriques aussi. Vous pouvez ensuite lui apprendre à utiliser des appareils électroménagers comme le four à micro-ondes (qui réchauffe facilement un petit plat sous vide, mais on fait bien attention, car une fois réchauffé, il est très chaud), la cafetière électrique, peut-être même la machine à croque-monsieur. Puis vous lui expliquerez, au détour d'une recette simple, comment on utilise votre table de cuisson et votre four.

Progressivement, vous associerez votre enfant à la préparation des repas quotidiens. « Faire la cuisine ? Je sais faire, moi », vous dira Fils du Milieu qui préfère nettement les jeux vidéo. Certes. La ruse, c'est de considérer la cuisine comme une expérience scientifique. Pour preuve, consultez les ouvrages passionnants d'Hervé This. Ainsi motivé, il sera prêt à aller un peu plus loin.

Pour préparer un repas, il faut penser à ce dont on aura besoin pour cuisiner (ingrédients, plats) et le placer devant soi. Il faut planifier : « par quoi on commence ? ». Par exemple, si le dessert doit cuire au four, il faut, bizarrement, le préparer avant le reste du repas, etc.

Les moments passés à la cuisine peuvent devenir très agréables pour tout le monde : qui a dit que l'on ne pouvait pas écouter de la musique ou des histoires sur CD en cuisinant ? Mais il va de soi que tout repas est suivi d'un nettoyage, du rangement du matériel et d'un coup d'éponge sur la table après avoir débarrassé la vaisselle, n'est-ce pas ? Profitez de ce moment pour expliquer quelques règles d'hygiène. Bientôt, il pourra (avec votre aide au début) composer lui-même, de manière équilibrée, les repas simples que sont le petit-déjeuner et le goûter. Puis il apprendra à composer un vrai repas, puis une journée entière de menus. Ce sera urgent au moment précis où il découvrira les joies du self-service à la cantine, même si vous ne serez pas là pour vérifier ses dires !

PAROLES DE PROS

« Je reçois dans mes cours des enfants à partir de trois ans et demi. J'ai compris qu'un enfant peut utiliser la plupart des ustensiles non électriques dès cet âge-là, du moment qu'un adulte reste à côté pour le surveiller. Après trois ans d'expérience, j'ai constaté une chose : les enfants ont moins de mal à travailler avec un grand couteau large qu'avec un petit couteau. Maintenant, je leur donne des couteaux de 15 à 20 cm de long, avec une lame large et bien aiguisée. En effet, on se coupe toujours plus avec des couteaux qui coupent mal. Et si l'on souhaite que l'enfant utilise un appareil électrique, l'idéal est de le choisir sans fil. Pour le choix des recettes, il faut se fier aux choix des enfants. Cependant, j'ai remarqué, comme beaucoup de mamans, que les enfants mangent rarement les gâteaux qu'ils préparent. Alors, pour ces recettes-là, j'insiste plus sur la déco que sur le goût, pour que le gâteau reste simple mais qu'ils aient envie de le manger. »

Pierre-Dominique Cécillon, professeur de cuisine à l'Académie Cinq Sens (www.academiecinqsens.com).

À l'âge de 9-10 ans, osez le laisser quelques minutes dans la cuisine pour vous concocter une salade à sa manière et une coupe glacée de son cru. Soyez ludique : jouez au restaurant. Pour un soir de fête (la fête des mères ?), laissez-le faire son boulot de cuisinier, écrire et décorer un menu, faire la liste des courses, aller chercher le nécessaire à l'épicerie voisine, mettre un joli couvert, préparer le dîner et faire le service (avec un coup de main de Papa ou de son frère).

Il sera alors fin prêt pour réfléchir avec vous à la planification des menus quotidiens de la famille (a-t-il des suggestions ? Prévoir pâtes et riz au même dîner, est-ce une bonne idée ?). La liste des courses en découle… et les courses aussi, bien sûr. Ici, à vous de montrer comment on compare les prix et quel est l'intérêt (ou les pièges) de certaines promotions. Vers 10-12 ans, votre enfant, pour peu que vous lui ayez montré comment faire, est tout à fait capable de préparer un dîner par semaine. Au hasard, disons le soir où vous allez à la piscine…

Simplifiez-vous la vie !

Si vous rêvez de ces ados qui préparent le repas en attendant leurs parents qui rentrent exceptionnellement un peu tard d'une réunion, affichez les menus ! Faites un plan de menu ou pensez au menu la veille au soir, et affichez-le sur le frigo. Et comme ça, à 18 h 10, quand vous appellerez Fils Chéri pour le prévenir que vous ne serez pas là avant 20 h 15, vous pourrez aussi lui dire « Le menu est sur le frigo, les ingrédients sont à l'intérieur, à toi de jouer ! » Qui vous dit que la prochaine fois il n'aura pas l'idée de s'y mettre tout seul ?

Progressivement, n'hésitez pas à l'aider à constituer son propre cahier de recettes. Franchement, ça ne vous fait pas plaisir lorsque votre copine vous réclame votre « délicieux brownie » ? Alors laissez votre enfant avoir ses spécialités.

Enfin, votre adolescent de 15 ans est à même de planifier une semaine entière de menus, de faire la liste des courses et les courses correspondantes, cette fois avec un budget donné : il réalisera pour de bon que les Chocobarres sont plus chères que les ChocoCroc et qu'il devra faire un choix entre les boissons sucrées dont il raffole et l'eau ! C'est le moment de lier équilibre diététique et budget, et de rappeler que même si les plats cuisinés font gagner du temps, ils ne sont pas toujours un modèle d'équilibre pour la santé et le porte-monnaie.

Si vous voyez votre ado se regarder sous toutes les coutures dans la glace, étonné par un petit bourrelet disgracieux, surveillez qu'il continue de se nourrir correctement. S'il souhaite réellement maigrir et que vous (et si possible le médecin) êtes d'accord, commencez par supprimer les mauvaises habitudes que sont les boissons sucrées, les grignotages devant la télé, et inscrivez-le à une activité sportive. Si cela ne donne rien, ne le laissez surtout pas se plonger dans un de ces magazines de début d'été, envoyez-le plutôt voir un nutritionniste.

Le geste écolo !

Comment choisir ses fruits ?

Les enfants peuvent comprendre beaucoup de choses… Malgré la présence de fraises en plein mois de décembre dans les rayons primeurs des hypermarchés, ils peuvent imaginer qu'elles sont mauvaises lorsque ce n'est pas la saison. Et qu'il a fallu quelques tonnes de carburant pour les faire venir du Venezuela par avion, ce qui nuit à la couche d'ozone. Il vaut donc mieux se réjouir de voir apparaître les premières fraises à la fin du printemps ! Pour rendre les choses plus évidentes, n'hésitez pas à emmener les petits citadins dans une ferme ou une cueillette pour leur montrer que les fraises ne poussent pas dans des barquettes, à moins que vous ayez un petit bout de jardin où lui apprendre comment faire pousser soi-même quelques tomates-cerises ou un pied de thym.

L'exercice physique, une habitude à prendre au plus tôt…

Vous passez vos week-ends avachi devant la télé ? Aucun problème. Seulement, il sera difficile de convaincre vos enfants de l'intérêt de se bouger.

Là, comme ailleurs, votre exemple est déterminant. Il n'est pas question de vous transformer en stakhanoviste du jogging, mais plutôt de vous inciter à changer quelques-unes de vos habitudes pour le plus grand plaisir de toute la famille.

Voici quelques suggestions : on peut aller choisir livres et films en famille à la médiathèque à pied. On peut aller faire le marché, le dimanche, à plusieurs, et à pied. On peut aller à l'école à pied. On peut faire une ballade à vélo et un pique-nique en famille. On peut aller à la piscine municipale, on peut jouer au foot, à la marelle, à la corde à sauter, au basket, à chat… tout cela en famille. Et les soirs d'été, pourquoi ne pas remplacer le sempiternel film de 20 h 50 par une petite ballade ?

À l'école, certes, les enfants font du sport. Mais ce n'est rien par rapport à leurs besoins de dépense physique. Ils ont de l'énergie à revendre : profitons-en.

Si vous parvenez à donner à vos enfants le goût de l'activité physique – en intégrant régulièrement à leur vie des moments qui y soient consacrés, en ne négligeant pas leurs notes d'éducation physique à l'école, en les encourageant chaleureusement –, vous leur rendrez service, car vous en ferez des adolescents et des adultes équilibrés.

N'oubliez pas que l'activité physique, en plus de protéger la santé de votre enfant à long terme :

- augmente la force musculaire ;
- améliore la souplesse, l'équilibre et la coordination ;
- améliore la fonction cardiaque et respiratoire ;
- aide à lutter contre le mal de dos ;
- améliore la qualité de vie ;
- favorise la résistance à la fatigue ;
- diminue l'anxiété et la dépression ;
- aide à se relaxer et à être plus détendu ;
- améliore l'endormissement et la qualité du sommeil.

Autant d'arguments qui pourront vous aider à vendre ces 30 minutes quotidiennes d'activité physique à votre enfant !

Le geste écolo !

Bouger écolo

Encouragez vos enfants à pratiquer des sports respectueux de l'environnement. Par exemple, préférez la planche à voile ou à roulettes au lieu de la moto trial en forêt. On sait qu'une voiture consomme entre 50 à 80 % de carburant en plus au premier kilomètre, et entre 25 à 50 % de carburant en plus au second kilomètre. Or, un tiers des déplacements en ville effectués en voiture font moins de deux kilomètres. Aussi, pensez à pratiquer une activité physique au départ de chez vous ou accessible en transport en commun, plutôt que d'emmener toute la famille en voiture à dix minutes de là.

Santé : petits soins et visites chez le médecin

Se soigner seul

Loin de nous l'idée de vous expliquer comment faire de vos enfants les rois de l'automédication. Mais il y a des bases que l'on peut expliquer rapidement à un petit. D'abord, dans le domaine des premiers soins...

Très petits, ils doivent comprendre qu'il faut prévenir quelqu'un si on a mal quelque part ou si on saigne. Et s'ils ne peuvent pas bouger, ils doivent hurler jusqu'à ce qu'une personne vienne les aider, surtout au square où vous êtes parfois en grande conversation avec une voisine ! De même, vous pouvez leur expliquer, vers 6-8 ans, qu'ils ne doivent pas aller se promener seuls dans un endroit où il n'y a pas d'adultes qui circulent. Par exemple, dans ce grand parc, on reste à portée de vue des parents ou on va jusqu'à la fontaine avec un copain, pour que celui-ci puisse revenir prévenir quelqu'un en cas de besoin.

Concernant les petites plaies et les brûlures légères, vous pourrez vite lui apprendre à s'en occuper lui-même. Tous les autres accidents nécessitent l'intervention rapide d'un adulte pour en vérifier la gravité.

Il nous faut également aborder le problème des petites douleurs quotidiennes. Ainsi, de mal de tête en douleurs des règles, beaucoup d'adolescents sont amenés à se soigner par eux-mêmes. Pour autant, ne les laissez pas avaler tout ce qui leur tombe sous la main. Si votre enfant a régulièrement des petites douleurs de ce genre, parlez-en ensemble au médecin de famille et choisissez un médicament adapté, dont l'enfant pourra transporter une ou deux doses dans son sac dans la journée. Un médicament n'est jamais inoffensif ; à haute dose, même le paracétamol fait plus de mal que de bien... Évidemment, demandez à votre enfant de vous contacter si la dose normale de médicament n'a pas fait son effet.

Dans tous les cas, ne leur confiez pas la clef de l'armoire à pharmacie. Hésitez même quand ils sont grands. Aussi autonomes qu'ils soient, les adolescents n'ont pas toujours conscience des risques qu'ils prennent avec des médicaments. Et le suicide est la seconde cause de mortalité dans cette tranche d'âge, alors ne plaisantez pas avec ça.

Dans le cas de traitements particuliers, comme ceux du diabète ou des allergies, il faut bien sûr s'en remettre totalement aux recommandations du médecin, mais les enfants concernés sont la plupart du temps parfaitement informés et responsables.

Passer son attestation de formation aux premiers secours

Les stages pour l'obtention de l'attestation de formation aux premiers secours (à la Croix Rouge) peuvent être suivis dès l'âge de 10 ans. Pour une soixantaine d'euros, on apprend et on s'entraîne aux « gestes qui sauvent » en cas de gros problèmes. Nombreux sont les parents qui regrettent de ne pas l'avoir passée avant d'avoir un enfant, car un accident est si vite arrivé ! Chaque année, ces gestes sauvent des vies. Pourquoi ne pas inscrire votre enfant et en profiter pour suivre votre stage en duo ?

Parler au médecin…

Puisque nous avons fait le tour des quelques situations où votre enfant pourra se soigner sans votre aide, nous pouvons désormais parler de la manière dont votre enfant de 3 ans (et bien plus) doit apprendre, au plus tôt, à se plaindre efficacement. En effet, vous apprécierez que votre enfant, dès que possible, sache expliquer à vous et à un éventuel médecin où et comment il a mal.

Très tôt, dites-lui de vous montrer précisément, en touchant la zone avec son doigt, où il a mal. Dès l'âge de 4 ans, il peut vous dire, peut-être même en le montrant avec ses mains (j'ai mal « grand comme ça »), s'il a un peu mal, moyen ou beaucoup. Puis, progressivement, il pourra être plus précis et évaluer sa douleur par rapport à d'autres. Demandez-lui aussi si sa douleur le chauffe, le pique ou le gêne. Apprenez-lui autant que possible à décrire ses impressions avec des mots précis ou simplement des comparaisons (« j'ai l'impression qu'on me pique avec des aiguilles »).

Lorsque vous emmenez votre enfant chez le médecin, laissez-le répondre aux questions du médecin avant de le faire à sa place. Encouragez-le, s'il en a envie, à poser des questions sur les traitements qui lui sont proposés. Savoir limiter le stress, car moins de stress, c'est moins de douleur. Et surtout, plus il sait parler de sa santé, mieux le médecin pourra le soigner.

Lorsqu'il va voir un médecin pour un problème particulier, prenez quelques minutes, s'il n'est pas trop fatigué, pour lui expliquer les termes utilisés dans le domaine médical. Par exemple, à l'adolescence, il doit être prêt à comprendre ce que signifient les expressions « selles molles », « flatulences », « céphalées », « injection », « anus », « verge », sans en rigoler bêtement en rougissant.

Consulter son médecin de famille tous les ans pour une « révision » au moment de la rentrée est un minimum. De toute façon, vous devrez le voir pour qu'il établisse les certificats d'aptitude aux sports que pratiquera votre enfant. Avant la consultation, demandez à votre enfant de réfléchir aux questions à poser au docteur. Il se peut qu'il ait besoin d'un avis professionnel et extérieur sur des choses qu'il ressent ou encore des interrogations dont il n'ose pas vous parler. Pensez aussi à lui demander s'il souhaite être seul quelques minutes avec le médecin, qui est, rappelons-le (et rappelez-lui), tenu au secret professionnel.

Des professionnels au service de votre enfant

L'association Sparadrap milite pour faire le lien entre l'enfant, sa famille et tous ceux qui prennent soin de sa santé. Elle agit en formant les personnels médicaux, mais également en fournissant des outils aux parents (brochures et livrets) pour qu'ils puissent facilement rassurer leurs enfants. Si, un jour, vous ou votre enfant êtes inquiet pour une consultation, un examen ou une intervention médicale à venir, n'hésitez pas à les contacter par le biais de leur site (www.sparadrap.org).

Et à l'hôpital ?

Pour des raisons multiples allant de l'opération d'une oreille décollée ou des végétations aux suites d'un accident, votre enfant sera certainement amené à fréquenter un hôpital. Tant qu'il est petit, vous serez la plupart du temps invité, en tant que parent, à vous installer dans sa chambre (dans des conditions de confort variables).

Pour préparer une hospitalisation, il est important que votre enfant connaisse le plus de détails possibles sur ce qu'il va se passer. Un bon médecin prendra le temps de vous expliquer, à vous et à votre enfant, tous les soins qu'il devra recevoir, de lui présenter les personnes qui s'occuperont de lui. Si ce n'est pas le cas, encouragez-le à poser toutes les questions qui lui viennent et à se faire expliquer plusieurs fois les choses qui pourraient l'inquiéter. Mais ne lui faites jamais croire, si c'est faux, que « ça n'est pas grave », qu'« il n'aura pas mal » ou que c'est « juste pour regarder ».

Il nous semble important que nos enfants apprennent très tôt que tout ce que l'on fait à leur corps les regarde directement. Non seulement ils ont le droit de savoir parce que ça les rassure, mais cela leur sera toujours utile au quotidien pour bien appréhender un traitement, suivre correctement un régime ou s'expliquer face à un médecin en cas d'urgence (en cas d'accident à l'école, par exemple).

À 18 ans, il devrait être capable de...

- Faire sa toilette entièrement, correctement et spontanément.
- Prendre soin de son image physique (maquillage, coiffure, soins des ongles, épilation, rasage).
- Laisser la salle de bains dans l'état où il l'a trouvée en entrant.
- Différencier les aliments bons pour la santé et les autres.
- Choisir des fruits et légumes selon la saison, le prix, l'aspect.
- Compléter une liste de courses.
- Faire les courses pour une semaine.
- Ranger les courses au bon endroit, pour une bonne conservation.
- Ranger correctement les restes d'un repas.
- Cuisiner un repas simple.
- Établir un menu équilibré.
- Faire régulièrement de l'exercice physique, à un moment programmé ou dans le cadre de ses tâches quotidiennes (notamment les déplacements).
- Soigner les maux ne nécessitant pas l'intervention d'un médecin (petites plaies, rhumes...).
- Utiliser un moyen de contraception.
- Utiliser un préservatif.
- Expliquer ses symptômes à un médecin.

Fiches pratiques

Comment constituer un fond de placard ?

En tant que potentiel futur étudiant loin du foyer, votre enfant doit comprendre à quoi servent toutes ces provisions que vous entassez soigneusement dans les placards. Maintenant qu'il sait de quoi se composent des repas diététiquement corrects, détaillez-lui en le contenu :

- trois sortes de féculents (riz, pâtes et haricots blancs, par exemple) ;
- trois sortes de légumes (disons haricots verts, tomates en boîte, macédoine de légumes) ;
- des épices, selon le goût de chacun (cannelle, cumin, ail, etc.) ;
- du pain de mie et des céréales ;
- du poisson en boîte.

Le tout, dans des quantités raisonnables (on ne tient pas un siège, tout de même) mais permettant de faire au moins trois repas équilibrés ou d'inviter des amis à l'improviste.

Contraception et protection contre les MST

Après la discussion et les dispositions nécessaires, certains parents indiquent à leur enfant qu'il pourra trouver, à un endroit choisi ensemble, des préservatifs (pour les garçons et les filles), une ordonnance pour un contraceptif (choisi ensemble avec un professionnel) et l'argent nécessaire pour son achat. La question est trop importante pour que vous confiiez documents et argent à un jeune de 15 ans qui pourrait bien préférer l'utiliser pour acheter des cigarettes, à moins qu'il fasse des bombes à eau avec les « capotes ».

À vous de surveiller de temps en temps où en est la question : si une jeune fille commence à prendre la pilule, elle doit continuer, et donc disposer des fonds et informations nécessaires, voire du véhicule pour se rendre chez le gynécologue. Avant 18 ans, c'est une responsabilité qui est souvent partagée avec Maman. Il existe aujourd'hui un grand choix de contraceptifs (implants, nouveaux stérilets, etc.) qui résolvent en grande partie les problèmes d'oubli. N'hésitez pas à en discuter avec le gynécologue.

Chapitre 3

Cohabiter avec les objets

« Et tout s'enchevêtra dans un désordre impeccable. »

Pierre Dac

Chaque journée apporte son lot d'objets échangés ou achetés : cartes de jeu, chouchous, billes, CD, maquillage, jeux vidéo, vêtements... Nous gâtons nos enfants, leurs grands-parents en rajoutent... Bref, nos enfants croulent sous les objets. Du coup, le cri de guerre du parent exaspéré « range ta chambre ! » s'avère rarement suivi d'effet durable, et pour cause. Si vous voulez que votre enfant range sa chambre, il va falloir s'occuper d'abord des contraintes du monde physique. Puis lui donner quelques méthodes pour tous les jours. Et finalement, trouver des techniques pour ce qui a tendance à s'accumuler. Un chapitre dont même les adultes peuvent s'inspirer. Il n'y a pas de raison.

L'aménagement : couette Babar et niveau 5

Appliquons un vieux dicton qui a fait ses preuves : « Une place pour chaque chose et chaque chose à sa place. » Certes. Mais concrètement, ça donne quoi ?

Pensez zones

Une chambre d'enfant, comme toute autre pièce de la maison, peut s'organiser par zones d'activités :

- Dormir : lit, table de nuit.
- Jouer : jeux, jouets, espace de jeu.
- Faire des travaux manuels ou travailler : fournitures scolaires, outils de bricolage, table de travail ou bureau, chaise.
- S'habiller et se déshabiller : lieu de stockage de vêtements, accessoirement miroir.
- Autres activités, s'il y a lieu : lecture, exposition (de collections, d'œuvres personnelles), mise en beauté, réception.

N'allez pas imaginer qu'il faut absolument une zone distincte pour chaque activité. Les chambres d'enfant sont parfois minuscules. Plusieurs activités peuvent se dérouler dans la même zone ; il faudra juste, dans ce cas, bien distinguer les rangements de matériel.

Ce que votre enfant fait ou non dans sa chambre dépend aussi de l'espace disponible... On peut « ouvrir » une zone de travail en créant un placard à devoirs, ou une zone d'habillage en mettant un miroir à l'intérieur de la porte de l'armoire. On peut aussi envisager de déplacer une activité dans une autre pièce, en rangeant, par exemple, tous les vêtements dans les salles de bains (attention à l'humidité !)

Les indispensables

Chaque chambre doit posséder **une poubelle**, avec son sac poubelle (pour les débris de jouets, de gâteaux, de cartouches d'encre, de...

vous avez compris). Sans poubelle sur place, pas de désencombrement possible.

Réglons de suite la question de **la literie**. D'après nous, il est inutile de compliquer les choses : un drap-housse à élastiques aux angles et une couette avec sa housse (retapée à toute vitesse le matin avant de partir à l'école) suffisent amplement.

Et **le bureau**, demandez-vous, à quel âge ? Est-il nécessaire d'installer un bureau dans la chambre de Pépette qui ne va pas encore à l'école ? Sans aucun doute, oui. Pas forcément un bureau d'écolier flambant neuf, mais, en tout cas, une table à sa taille avec sa chaise pour faire comme les grands, pour « cravailler », c'est-à-dire se couvrir de peinture, découper, regarder des images... Ce premier bureau est lavable, obligatoirement. Vous ne voulez pas décourager ses talents d'artiste, n'est-ce pas ? Par la suite (dès l'entrée en élémentaire), elle prendra l'habitude de s'asseoir à un bureau pour faire ses devoirs. À ce moment-là, vous pourrez toujours lui installer un bureau de « grand », voire des tréteaux et une planche. Choisissez-le pas trop anguleux et muni d'une chaise à roulettes. Plus âgée, elle aura peut-être un ordinateur ou d'autres équipements à y installer.

Pour le reste, si vous voulez aménager au mieux la chambre de votre enfant, mettez-vous à sa place, avec sa taille et sa force d'enfant : les tiroirs trop lourds, les tringles trop hautes, les cintres trop grands pour ses vêtements, les blocs-tiroirs instables... Autant appeler tout cela des obstacles, avec, dans le rôle du soldat à qui vous demandez d'effectuer le parcours du combattant, Pépette, 3 ans.

Dans le même temps, pensez que votre enfant va grandir très (trop ?) vite. La délicieuse petite armoire qui contient aujourd'hui ses vêtements ne suffira bientôt plus pour stocker doudounes d'hiver, jeans bien longs et baskets pointure 44. Voyez grand et préférez les aménagements modulables, réglables en hauteur, dans une armoire ou un placard bien pensé.

Selon l'âge de vos enfants, vous les associerez aux différentes étapes : à 4 ans, on sait reconnaître un tournevis cruciforme d'un tournevis ordinaire, par exemple. On sait aussi regrouper les petites vis (sans en avaler). À 7 ans, on peut lire les instructions (pas toujours en taiwanais, heureusement). À 10 ans, on peut maintenir une planche droite pendant que Maman s'acharne sur le montant vertical. Etc. (Voir notre fiche pratique en fin de chapitre).

Paroles de pros

Comment aménager une chambre partagée par deux enfants ? « Tout dépend de l'écart d'âge entre les enfants. S'ils sont proches, même de sexe différent, ils n'ont pas forcément besoin d'un univers différent. En revanche, s'ils sont jumeaux, il vaut mieux les aider à se distinguer. En tout cas, ils peuvent participer dès l'âge de trois ou quatre ans au choix de leur couleur, celle qui servira à "partager" visuellement la chambre : couleur des tiroirs, du linge de lit, des murs. Il n'est pas certain que tous les enfants aient besoin d'un endroit de repli, comme une cabane ou un lit surélevé ; il faut leur demander ce qu'ils en pensent. »

Valérie Laporte-Volatier, créatrice de la société
« Les Murs ont des oreilles »
(www.lesmursontdesoreilles.com), trois enfants.

Les rangements : caisses à bazar et albums Tintin

Les principes

Chaque zone définie précédemment vous donne une indication sur ce qui devra y être rangé. Le matériel en rapport avec une activité doit être regroupé et placé à proximité de l'endroit où elle a lieu, visible et accessible. Il faut bien sûr prévoir des zones de rangement spécifiques et des contenants pour :

- les œuvres d'art bi et tridimensionnelles (aussi bien l'oiseau en terre cuite que la gigantesque fresque multicolore) ;
- les collections de galets, coquillages, cartes, boules à neige, vaches, etc. ;
- le matériel de travaux manuels dont l'usage est toléré dans la chambre (le matériel plus « risqué » pouvant être stocké hors de portée, dans la chambre ou ailleurs dans la maison) ;

- les affaires d'école ;
- les jeux de plateau (dont il vaut mieux éviter de perdre les pièces, si possible) ;
- les déguisements et panoplies ;
- le matériel de sport, de musique...

Pour que votre enfant trouve les objets qu'il cherche et range ceux qu'il trouve, rendez les contenants facilement identifiables. Par exemple, les boîtes seront étiquetées ou d'une couleur facile à repérer.

PAROLES DE PARENTS

« Quand mes enfants étaient petits et qu'ils ne savaient pas lire, j'ai inventé l'étiquette-photo. C'est très simple : je remplis la caisse de son contenu habituel, je photographie le contenu de la caisse et j'imprime une étiquette que je scotche sur la caisse à plusieurs endroits. Comme ça, ils ne peuvent pas dire qu'ils n'ont pas reconnu mon dessin de dinosaure ! »

Stéphanie, 33 ans, journaliste, deux enfants de 4 et 6 ans.

N'oubliez pas, dans votre aménagement, le principe des 5 niveaux de rangement1[4] dont la formule peut être résumée ainsi : « compte le nombre de mouvements nécessaires pour ranger un objet, et tu sauras quel effort ton enfant devra faire à chaque fois et quel effort il ne fera pas ». Par exemple, un crayon de couleur sera plus aisément rangé dans un pot à crayons (un seul geste à faire) que dans une boîte fermée (un geste pour l'ouvrir en plus d'y placer le crayon), elle-même placée dans un tiroir (un geste de plus), le tout dans un placard (encore un geste).

Les enfants dépassent rarement le niveau 2 = deux gestes à faire. Et, entre nous, la plupart des adultes dépassent rarement le niveau 3.

Avez-vous entendu parler du principe des 30 % ? C'est une des règles antidébordement les plus simples à appliquer. Avant d'aller acheter une jolie boîte ou des tiroirs translucides, faites un tas avec les jouets que vous voulez y ranger. Petit Dernier adorera tout sortir sur le sol, une fois n'est pas coutume. Évaluez le volume que ces jouets occupent. Puis

4. Voir l'ouvrage des mêmes auteurs, *S'organiser, c'est facile !*, Eyrolles, 2007.

ajoutez 30 % de volume en plus. En effet, aujourd'hui, le tas mesure 20 cm de haut, disons. Et dans un an ? Un anniversaire et deux fêtes familiales plus tard ? Prévoyez donc toujours (un peu) plus grand, environ 30 %.

Trier ou ne pas trier, là est la question : faut-il que chaque type de jouet ait sa caisse dédiée ? Par exemple, les personnages en plastique doivent-ils être ensemble, séparés des briques de construction ? N'est-ce pas être un peu trop maniaque que de leur demander de trier leurs jouets ? Après consultations et moult essais, notre conseil est de trier. Nos enfants savent naturellement, dès la petite section de maternelle, regrouper ensemble des objets de même nature. Il semblerait même que ce soit une des bases des mathématiques. Donc, utilisons les aptitudes naturelles de notre progéniture à classer pour leur plus grand bien, à savoir retrouver plus vite ce dont ils ont besoin. Et par la même occasion, devenir bons en maths.

Le matériel

Après la théorie, la pratique... À choisir, voici le matériel le plus efficace pour qu'une chambre d'enfants reste (relativement) en ordre.

Les caisses

Elles sont en plastique, en osier ou en bois selon votre goût et votre budget. Elles sont empilables ou non, selon l'espace disponible. Si vous les choisissez empilables, vous pouvez vous procurer des blocs-tiroirs en hypermarché, dans les magasins de bricolage ou chez les distributeurs de mobilier, en plastique ou en bois, recevant respectivement des tiroirs translucides ou en osier. Veillez à ce que l'ensemble reste stable lorsqu'on manipule l'un des tiroirs.

Nous vous recommandons de prévoir des caisses, par opposition aux coffres à jouets. En effet, ceux-ci ferment, certes, mais le couvercle, une fois clos, attire irrésistiblement des tas d'objets hétéroclites, de sorte que n'importe qui (et pas seulement votre enfant, reconnaissons-le) a très vite la flemme de trier ou pousser ce qui est dessus, pour ranger ce qui devrait être dedans.

Pour les livres, inspirez-vous des techniques des rayons enfants des bibliothèques. Les livres y sont stockés dans de grandes caisses, les uns derrière les autres, pour permettre de les feuilleter, de les prendre et de les remettre à leur place facilement. Ça tombe bien, c'est ce que nous essayons d'obtenir avec nos enfants : un rangement facile et rapide.

Bien entendu, si Petit Dernier (mais de qui tient-il, celui-là ?) est très sensible à l'alignement de ses livres au cordeau, à la verticale, comme dans une « vraie » bibliothèque, laissez-le faire comme il le souhaite. Pour 90 % des enfants, un rangement de type médiathèque conviendra mieux.

Les étagères

Faciles d'accès, au contenu visible immédiatement, elles sont préférables aux tiroirs si vous envisagez d'y stocker des objets en pile. Rares sont les enfants capables de ranger leurs tee-shirts en pile soignée dans un tiroir. En revanche, sur une étagère, c'est souvent plus facile.

Pour les petits vêtements (sous-vêtements, chaussettes, collants...) et les accessoires (chapeaux, écharpes, gants, ceintures), utilisez des corbeilles à la taille de ce que vous souhaitez y mettre. Elles peuvent être déplacées à volonté, d'une saison à l'autre ou lors des « grandes chasses aux chaussettes ».

Ne laissez pas trop d'espace entre deux étagères superposées. Comme il est peu commode de créer des piles de plus de cinq vêtements (on les fait glisser, ils tombent, on n'a pas le courage de les remettre en pile), multipliez plutôt les étagères en les rapprochant : c'est plus de surface disponible et moins de piles qui dégringolent.

Les boîtes

Les boîtes, munies de couvercle, vont servir à conserver à l'abri de la poussière les collections, cartes postales et objets variés que vous et votre enfant voulez garder. Étiquetez-les religieusement – « œuvres Sébastien, école maternelle », « cartes postales reçues par Gabrielle », « souvenirs Pornichet 2007 » – et stockez-les en hauteur, étiquette visible. Vous en aurez besoin plusieurs fois dans l'année (voir plus loin « Les tris périodiques »).

Faut-il garder les boîtes d'origine des jouets et jeux divers ?

Dans l'ensemble, elles sont encombrantes et peu esthétiques. En revanche, conservez les boîtes des jeux de société et des puzzles : ils se stockent plus facilement ainsi et c'est tout de même plus facile de reconstituer le puzzle des 101 caniches avec le modèle. Ou de se disputer sur un point de la règle du Monopoly quand on a ladite règle sous les yeux.

De la persuasion et de la méthode

Nous avons pitié. Oui, pitié de nos enfants, entourés de centaines de jouets qu'ils ont sorti frénétiquement au cours de cet après-midi pluvieux et à qui l'on enjoint de ranger leur chambre, là, maintenant. Mais par où commencer ? Comment ne pas se sentir débordé par l'ampleur de la tâche ? La solution réside dans le proverbe « diviser pour mieux régner ». Il est plus facile de venir à bout d'une tâche complexe si on la « tranche » en tâches plus petites. Démonstration ci-dessous.

Tout d'abord, décidez de ce qu'est une chambre rangée, pour vous : plus rien au sol ? Des surfaces horizontales exemptes de tout objet ? Les peluches regroupées ? Un lit au carré ?

Expliquez clairement votre niveau d'exigence à votre enfant. Il y a fort à parier que pour lui, une chambre rangée, c'est... par exemple, les jouets entassés sous le lit et l'armoire bourrée à craquer de vêtements en vrac. Ou bien, à l'opposé, un alignement parfait, au bout de deux heures (!), de ses livres de poche par taille et par couleur.

Votre standard est vraisemblablement quelque part entre les deux, alors encouragez celui qui privilégie le « vite fait, bâclé » à s'appliquer sur une partie des objets. Il se familiarisera avec cette agréable sensation de « travail bien fait ». Et expliquez à votre jeune perfectionniste que « rangé » ne veut pas forcément dire « parfait ». Au besoin, faites un jour une photo qui lui servira de référence, ou une liste de critères qui pourrait lui servir de check-list (toutes les voitures dans la caisse des voitures ; tous les éléments des jeux de société dans leur boîte respective ; lit fait ; rien sous le lit ; peluches dans leur filet, etc.).

De 3 à 10 ans environ

Tant que votre enfant est petit, vous pourriez lui dire : « Asseyons-nous au milieu de la chambre, et, d'abord, regardons ce qu'il y a à ranger sans toucher à rien, surtout. Tu vois tous les livres ? Bien. Tu vois tous les Playmove ? Oui aussi. Alors, par quoi vas-tu commencer ? Et après, que rangeras-tu ? Et après ? Couche tes Playmove (si c'est cette catégorie que Petit Dernier a choisi en premier) dans leur maison parce qu'ils sont fatigués d'avoir tellement joué. Fais semblant que tous les autres jouets sont invisibles pendant que tu ranges les Playmove, et seulement les Playmove. »

Mine de rien, en utilisant une méthode ludique, vous venez d'aider votre enfant à se bâtir un plan d'action. Il ne se sent plus aussi débordé et apprend à rester concentré sur une tâche avant d'en entamer une autre.

À la première étape, faites-lui constater que l'on y voit beaucoup plus clair (mais si, voyons, faites un effort), et félicitez-le d'avoir rangé si vite et si bien. Là, à vous de décider si vous l'aidez pour la suite ou non. Il peut aussi venir « au rapport », pendant que vous faites autre chose, vous signaler à chaque fois qu'il a rangé victorieusement une catégorie d'objets. Inutile de préciser que vos félicitations doivent être très appuyées, et qu'il vaut mieux insister sur le processus que sur le résultat.

Ainsi, déterminer des catégories et réfléchir avant d'agir va leur simplifier la vie. Cela permet également de maîtriser les tâches qui semblent à première vue longues et complexes. Par la suite, croyez-nous, ranger perdra son côté « fatigant » pour ne plus être qu'une tâche comme une autre.

Petits jeux de rangement

La course au rangement est un grand classique. Au top, tout le monde se met à ranger le plus vite possible. Le premier qui a fini de ranger sa chambre gagne une récompense.

Le rangement par équipe. Principe : sans se préoccuper de savoir « qui a sorti les poupées ? », on décide qui range quoi. L'un s'occupe de tels jouets, l'autre des autres (à faire à plusieurs enfants ou entre génération). On se lance des défis, c'est amusant et, au final, on passe moins de temps à ranger.

Et une partie de « basket-range » ? Du plus loin possible dans la chambre, on lance les jouets dans leur caisse respective. Bruyant, mais tellement drôle !

Et le bulldozer ? À plat ventre sur le sol, on écarte les bras et on rassemble le plus de jouets possibles au milieu de la chambre. Là, on fait la grue et on prend des masses de jouets à lâcher de très haut dans les caisses.

Et l'échange de chambres ? Petit Dernier range la chambre de Fille Aînée et Fille Aînée celle de Petit Dernier. Pépette sera mise à contribution pour autre chose, par exemple, rafler le linge sale de tout le monde.

Et la friandise que l'on découvre sous le gros tas de jouets à ranger ? Et si c'était la fameuse fée du logis qui l'avait mise là ?

Et l'inspecteur des travaux finis qui fait des croix sur la check-list dont il est question plus haut ?

Et l'ogre qui renifle le désordre comme ses ancêtres reniflaient la chair fraîche ?

Votre imagination est votre meilleure alliée pour rendre le rangement ludique. Essayez, c'est magique et résolument plus efficace, même après une journée de travail, que « Bon sang, mais qu'est-ce que c'est que ce bazar ? Vous vous êtes vraiment tous ligués pour que je finisse ma journée épuisé(e) ? »

À partir de 11 ans

Pour les plus grands, qui vous voient venir avec vos gros sabots, voici une méthode cartésienne en 8 étapes qui a le bon goût d'être applicable dans toutes les circonstances, quel que soit l'âge de l'individu concerné. Oui, même par les parents dans leur propre chambre ; on sait ce que c'est, allez...

Méthode simplifiée de rangement dite « deux cartons/un sac »[5] :

- Se procurer deux cartons (ou deux caisses) et un sac poubelle. L'un des cartons s'appellera « à donner », l'autre « ailleurs », c'est-à-dire : ce-qui-va-ailleurs-dans-la-maison. Lors des séances de rangement hebdomadaires ou bi-hebdomadaires, le carton « à donner » n'est pas nécessaire, la plupart du temps.
- Enlever et poser par terre tout ce qui est sur (et dans) le lit.
- Faire le lit (si nécessaire). Lisser au moins la surface de la couette parce que nous allons avoir besoin d'une surface plane.
- Ramasser tout ce qui n'est pas à sa place (derrière la porte, en boule au fond du placard, sous le lit...) et tout poser en vrac sur le lit. Pour ce faire commencer par un coin de la pièce et en faire le tour.
- Prendre un objet à la fois et décider de l'endroit où il va aller. Une fois l'objet en main, ne pas le reposer mais le ranger directement ou le placer au choix dans l'un des cartons ou dans le sac poubelle. Les vêtements sales (à l'exclusion de ceux qui ont juste été essayés, n'est-ce pas Fille Aînée ?) sont entassés devant la porte de la chambre, à l'extérieur.
- À l'issue de la séance, tous les objets ont retrouvé leur place.
- Faire le tour de la maison avec le carton « ailleurs » et déposer chaque objet dans la pièce d'où il provenait (jouets empruntés aux frères et sœurs, aliments, écharpe empruntée à un parent...). En profiter pour déposer le linge sale dans le panier prévu à cet effet...
- Convenir du (des) destinataire(s) du carton « à donner » et d'une date à laquelle on procédera à la distribution. Bien entendu, si un bon nettoyage est nécessaire avant de donner Nounours Poilu à Cousine Margot, prévoir quand et comment on s'en occupera.

Faites un essai avec vos enfants et si vous êtes convaincu, tentez donc cette méthode dans l'une ou l'autre des pièces de la maison. Vous serez surpris de la rapidité avec laquelle vous arriverez à ranger votre entrée ou le comptoir de la cuisine, par exemple.

5. Voir l'ouvrage des mêmes auteurs, *S'organiser, c'est facile !*, Eyrolles, 2007.

À quelle fréquence votre enfant doit-il ranger sa chambre ?

L'idéal serait de faire du rangement de la chambre un rituel quotidien. Oui, exactement comme les dents, le petit déjeuner et le câlin à confidences du soir.

Car les conséquences du désordre, comme pour une bonne partie des tâches domestiques, s'aggravent dans le temps. Autrement dit, plus on attend, plus il y en a. Et plus c'est dur de s'y mettre. C'est facile à vérifier, ça. Pour le démontrer à vos chers récalcitrants, dès lors qu'ils sont en âge de faire des additions, chronométrez le temps que prend une course au rangement quotidienne. Montrez-leur (et convainquez-vous, si vous en doutiez, par la même occasion) que cette « corvée » prend moins de temps que ce que l'on croit. En tout état de cause, cela s'insère parfaitement entre le bain et le dîner. Ou bien entre les devoirs et la douche. Ou encore entre le bain et les dessins animés (là, vous tenez un argument de poids, non ?). Bref, à vous d'ancrer l'habitude du rangement dans l'emploi du temps de vos enfants. Ainsi, ils seront régulièrement confrontés au plaisir de profiter d'un espace net et dégagé. Et vous ne serez pas obligé, par la suite, de déployer une énergie folle pour obtenir quelques minutes de rangement régulier de leur part.

PAROLES DE PARENTS

« Vu leurs emplois du temps différents et mon fréquent manque d'énergie le soir, je n'exige pas de mes enfants qu'ils rangent leur chambre tous les soirs. Par contre, un rangement deux fois par semaine, c'est un minimum, sinon, ils n'accèdent plus à leur lit ! »

Valérie, 39 ans, mère au foyer de trois enfants de 6 à 15 ans.

« Pas question de s'endormir dans une chambre en bazar s'il y a école le lendemain : à 18 h 30-19 h 00, on range et on se prépare pour le lendemain (douche, vêtements...). Depuis trois mois, ma fille le fait presque toute seule, je dis qu'il est l'heure et elle prépare (parfois je réajuste). »

Laurence, 37 ans, enseignante, mère de deux enfants de 9 et 12 ans.

Les tris périodiques : retour de plage et lettres de Mamie

En dehors des rangements réguliers permettant de circuler sans danger d'une pièce à l'autre, impossible de passer sous silence les tris périodiques des objets accumulés au cours des âges.

Pourquoi trier ? Eh bien, d'une part, parce que l'espace n'est pas extensible : Fille Aînée aura l'occasion de le vérifier lorsqu'elle emménagera dans sa future chambre de bonne, près de l'université.

D'autre part, parce que les objets entrent dans notre vie, passent un certain temps avec nous, ils nous servent et nous les apprécions. Puis, ils jouent moins bien leur rôle, ne nous vont plus, ne nous plaisent plus, s'abîment au-delà de toute réparation. Bref, il est normal et naturel de nous en séparer.

Pour certains enfants, cette séparation – somme toute bénigne – se fait très spontanément. Pour d'autres, c'est plus difficile. À nous de les aider en leur montrant comment faire.

Les souvenirs

Du galet ramassé sur la plage en passant par la jolie feuille morte, le calendrier des postes avec le panier à chats, le bout de bolduc doré qui enveloppait le cadeau de Noël, les gribouillis monochromes de Pépette, les œuvres d'art faites à l'école... Pour un enfant (et ses parents), tout peut être gardé en tant que souvenir. Mais prudence : ce n'est pas parce qu'on hésite à jeter sur le champ un objet que c'est automatiquement un « souvenir ». Pour l'instant, c'est juste un objet auquel on rattache un moment. Donc, oui, gardons-le. Un certain temps. D'abord sur une étagère, pour en profiter. Puis, deux mois plus tard (ou un an après, comme vous voulez), dans une boîte, marquée « souvenirs Fils du Milieu printemps 2007 ».

Une fois par an, ouvrez la boîte contenant la dernière fournée avec votre enfant. Demandez-lui de choisir les plus beaux souvenirs, les plus précieux. Sans l'influencer. Car il s'agit là de ses souvenirs, pas des vôtres ! En effet, vous aurez mis de côté, au préalable, les objets que vous vouliez garder comme souvenirs de votre enfant dans votre propre boîte « Souvenirs de Fils du Milieu » (colliers de nouilles, poèmes de la fête des mères, bracelet de naissance...). S'il a du mal à sélectionner – ce qui est plus rare que ce qu'imaginent les parents –, donnez-lui quelques pistes : « Aimerais-tu montrer ça à tes enfants, plus tard ? » « Penses-tu que c'est le plus joli dessin de poisson que tu aies fait cette année ? » Pour les objets volumineux, prenez-le en photo avec l'œuvre en question, faites disparaître l'objet et gardez la photo.

Les collections

Cartes Taramon, coquilles d'escargots, pierres brillantes, bracelets de perles... Le point commun de tous ces objets, si votre enfant en possède plus de six de chaque ? C'est le début d'une collection. Comment ça, c'est comme un souvenir, mais en pire ? Restons calme : une collection ne mérite son nom que si elle ne s'abîme pas, n'est-ce pas ? Sinon, on se rapproche d'un dépotoir. Donc, à nous, parents, de trouver le contenant qui permettra à la fois de conserver les merveilles en bon état et de pouvoir les admirer (vitrine, boîte transparente, album...). Là encore, il faut prévoir au moins 30 % de volume en plus pour les futures acquisitions, mais seulement si vous voyez que votre enfant est vraiment « mordu ». Si c'est Papi qui lui a fait don de ses timbres mais que ça n'intéresse pas plus Petit Dernier que ça, alors ce n'est pas une collection, c'est un cadeau. Ou un legs.

Si votre enfant n'a pas manipulé sa collection depuis un an, c'est sans doute que ça lui a passé. Demandez-lui s'il souhaite la garder alors même qu'il n'en fait rien. Si la réponse est positive, conservez la collection ailleurs qu'en plein milieu de son étagère, par exemple au garage ou en haut d'une armoire. Reparlez-lui en dans quelques années.

Parfois, l'idée de jeter cette collection de beaux timbres ou de minéraux vous rebutera, car vous imaginerez, vénalement, qu'elle a peut-être une certaine valeur. Et puis que d'années et d'efforts pour accumuler cent pochettes d'allumettes publicitaires... Dans ce cas, proposez la collection à un autre collectionneur qui sera ravi d'en faire... des merveilles. À vous de voir s'il vous donnera quelques espèces en échange.

Les jouets et les jeux

Une nouveauté chasse l'autre mais les classiques ravissent nos enfants pendant des années. Alors, comment faire le tri lorsque les Playmove débordent, le dragon électronique ne crache plus de « faux feu », que la machine à badge ne fonctionne plus, et que le tour de potier ne plaît pas, finalement ?

Premièrement : repérer les classiques. Par exemple, les briques de construction, plastique ou bois ; les figurines en tout genre (animaux de la ferme, personnages de dessins animés), pourvu qu'ils soient en plastique solide et pas trop mordillés. Ce sont des heures de jeux d'imagination, en extérieur ou à la maison. Ces classiques, on ne les recycle pas vers petits cousins et hôpitaux : on les garde de 3 à 13 ans. Point. Si, si, nous sommes nombreux à avoir découvert l'un de nos enfants, que nous pensions plus préoccupé par son début d'acné que par ces jeux infantiles, à quatre pattes avec un frère plus jeune, peaufinant un hélicoptère ou une tour.

On ne recycle pas non plus les jeux de plateau qui ont fait leur preuve, c'est-à-dire ceux auxquels votre famille aime jouer. Bien entendu, s'il manque trop de pièces ou que le jeu est trop taché pour être encore utilisé, il vaut mieux le jeter.

Deuxièmement : repérer les jeux/jouets d'une saison. Ce sont ceux-là qui passeront le moins de temps chez vous. Pour vous donner une piste, traquez en premier les jeux à pile. Ils s'usent, perdent leur attrait. Ou bien Papa en a vite assez de brandir son tournevis pour changer les piles toutes les semaines – « Oui, oui, Pépette, je vais te mettre des piles, mais il faut qu'on en rachète » –, ce qui rend le jeu indisponible, ou c'est un jeu qui nécessitait des « consommables » arrivés au bout de leur stock.

Le geste écolo !

Exit l'électrique !

Passez-vous de gadgets électriques comme les taille-crayons électriques, brosse à dents électriques, jouets électroniques à piles jetables... Vous ferez des économies d'énergie. Et pour tous les jouets qui fonctionnent à piles, faites l'acquisition d'un chargeur et de piles rechargeables : la nature et votre porte-monnaie vous diront merci.

Paroles de parents

« Nous n'offrons jamais de jouets à piles à nos enfants : ils font du bruit et sont souvent inintéressants ; en plus, les enfants ont rarement besoin de consommer tant d'énergie pour jouer. Et j'avoue que, une fois les piles épuisées, on se contente de dire que le jouet ne marche plus. C'est tout. On ne remet pas de piles. »

Dominique, 32 ans, mère au foyer, deux enfants de 3 et 8 ans.

Troisièmement : le tri. Dès l'âge de 4 ans, demandez à votre enfant, une fois par an (au hasard, disons avant les fêtes de fin d'année) quels sont les jeux et jouets qu'il n'affectionne plus. Il sait ce que c'est, lui qui change parfois de meilleur copain toutes les deux semaines. Il comprend donc très bien que l'on puisse se séparer de quelque chose qui ne nous convient plus. Expliquez-lui que c'est normal : en grandissant, les goûts changent. Lui-même, d'ailleurs, ne s'est-il pas pris de passion subite pour la glace à la framboise, l'été dernier ? Au détriment du chocolat qu'il aimait tant avant ? Mais comme il n'est pas question de jeter les objets en bon état, expliquez-lui que vous allez les donner à des enfants plus petits que lui, qui ont moins de chance, ou à son cher petit cousin, et que ce sera comme s'il leur faisait un cadeau. Sauf que lui, en échange, comme les fêtes approchent, il en aura de nouveaux.

En revanche, tout ce qui est abîmé au point que l'on ne peut plus jouer avec doit être jeté. Concrètement, prenez l'objet, dites que vous allez le jeter et sortez-le de la chambre. Il n'est pas nécessaire qu'il vous voit faire (il pourrait avoir quelques initiatives malheureuses !)

Si vous sentez une résistance de la part de votre enfant, mettez temporairement votre avis de côté, si vous le pouvez. Puis proposez un stockage hors de la chambre, dans un carton étiqueté « vieux jouets » avec la date du tri. Vous lui poserez de nouveau la question dans deux ou trois ans !

Les cadeaux étranges

Offerts par Tante Marthe ou Copine Léa, les cadeaux étranges nous plongent dans l'embarras. L'intention était bonne. Cependant, ce sac en perles verdâtres, ce tee-shirt effroyablement démodé, ce mariachi du Mexique que l'on ne peut même pas déshabiller... Qu'en faire ?

Votre enfant l'apprécie même si ce n'est pas à votre goût ? Tant pis, il le garde. Vous le ferez disparaître dans quelques mois.

Ni lui ni vous n'aimez ce cadeau ? Pas d'autre choix que de remercier chaleureusement la donatrice et de recycler le cadeau.

Votre enfant a moins de 10 ans ? Ne dites rien et recyclez le cadeau en cachette, après qu'il l'ait oublié dans un coin de sa chambre (ou de la vôtre). Pas par goût du secret, mais parce qu'il comprendrait mal ce que vous faites.

Plus de 10 ans ? Vous pouvez lui montrer la différence que vous faites entre l'intention « que Tante Marthe est gentille ! » et l'objet « mais c'était un drôle de cadeau, n'est-ce pas ? ». Plus tard, il ne fera pas partie de ces nombreuses personnes qui encombrent leur intérieur d'objets non désirés « pour faire plaisir ».

Si votre enfant a les mêmes objets en double ou en triple, apprenez-lui à choisir celui ou ceux qu'il préfère, et à se débarrasser des autres.

Les vêtements

Donnés par copine Marie et un peu trop grands, ou déjà portés et un peu trop petits. Que faire de tous ces vêtements ? Déterminez deux zones dans le placard de votre enfant : la zone « entrante », en haut, et la zone « sortante », dans un carton en bas.

Commençons par **le bas (la zone sortante)** : jusqu'à 4 ans, vous pouvez décider sans votre enfant. Son pyjama Taramon est trop petit et en bon état ? Hop, dans le carton. Notez dessus la date à laquelle vous commencez à le remplir. Le jour où le carton sera plein, vous noterez aussi la date sur le carton. Ceci vous aidera à calculer l'âge auquel les vêtements du carton correspondent en réalité. Car vous savez bien que, selon les marques (et selon le rétrécissement constaté au premier lavage), la taille indiquée sur les étiquettes ne signifie pas la même chose. Puis décidez à qui vous allez donner ces vêtements en bon état. Il va de soi que ce qui est taché au-delà du présentable, trop déchiré, a la fermeture cassée, doit être jeté ou finir en chiffon. Ce que vous ne donneriez pas à un proche mais qui est trop correct pour être transformé en chiffon ferait peut-être, tout de même, le bonheur de quelqu'un ? Créez donc un carton « association » qui servira pour toute la famille. Placez celui-ci ailleurs dans la maison.

Cette méthode du carton dans le bas du placard (ou à côté, si vous n'avez pas la place) permet d'éliminer, au fur et à mesure, tout ce qui encombre la garde-robe de votre enfant. Lorsque Petit Dernier sait s'habiller seul, rappelez-lui de temps en temps de mettre ses habits trop petits dans le « carton du bas ». Apprenez à votre Fils du Milieu décontracté qu'il n'y a aucune raison réelle de conserver le jean de ses 14 ans, maintenant qu'il mesure 1,80 m.

La zone entrante : là aussi, jusqu'à l'âge de 4 ans, vous pouvez procéder seul(e). Par la suite, avant de stocker les vêtements « entrants » en haut du placard, passez-les en revue avec votre enfant. À lui de vous dire « beurk, c'est moche » ou « oui, je le veux ». S'il ne manifeste rien de net, faites à votre guise. Si, en revanche, ses goûts sont très affirmés, respectez-les. Après tout, ces vêtements ne vous ont rien coûté, alors il n'y a aucune raison de les entasser si personne ne les porte !

Entre parenthèses, il ne nous semble pas de bonne politique d'acheter des vêtements trop à l'avance, par exemple en été pour l'hiver à venir. En effet, il est difficile de prévoir la croissance de notre progéniture, sans parler d'imaginer les goûts qu'ils manifesteront dans six mois.

Deux fois par an (souvent à la fin du printemps et à la fin de l'automne), sortez les vêtements de la zone entrante, sélectionnez avec votre enfant ce qui lui va et lui plaît, puis intégrez ces habits dans sa garde-robe. Peut-être certains d'entre eux ne lui conviendront plus ou s'avèreront désagréables à porter – « maman, ça gratte ». Ils rejoindront alors directement le carton du bas ou le carton « association », pour équiper des enfants à la peau moins sensible…

Dès qu'elle se passionnera pour son look et qu'elle parlera de s'acheter elle-même ses vêtements, apprenez à votre fashion-victim de Fille Aînée à faire le tri de ses vêtements deux fois par an. Profitez-en pour lui montrer comment se constituer une vraie garde-robe en mélangeant des pièces de façon inattendue. Avec quelques tenues, on peut composer un nombre étonnant d'ensembles. Parlez-lui des couleurs qui la mettent en valeur, montrez-lui, miroir à l'appui, que cet orange lui donne l'air malade mais que ce rose (mais oui pourquoi pas ?) fait ressortir son teint. Rappelez-lui quelques basiques d'élégance, elle en fera ce qu'elle voudra : pas de jupe claire avec un collant noir, pas plus de trois couleurs, suggérer n'est pas dévoiler, etc. Montrez-lui comment, en regardant de près sa garde-robe, elle peut orienter son shopping. Par exemple, acquérir ce qui lui manque (un chemisier blanc, un peu classique, pour tous les événements officiels de l'année) et pas seulement ce qui lui fait envie (le énième débardeur aux couleurs vives qui était en soldes chez Lolita Fringues).

Les papiers

Moins encombrants que les jouets et les équipements de sport, les papiers n'en sont pas moins de redoutables ennemis de l'ordre. Programme de fête de fin d'année distribué par l'école, brouillons, papiers d'identité, magazines, courrier... Tout cela encombre aussi la chambre de nos enfants et encombrera leur vie d'adulte, plus tard.

Les papiers importants

Entrent dans cette catégorie : papiers d'identité, livrets scolaires, diplômes, cartes de réduction diverses, cartes bancaires, chéquiers, relevés de comptes, carnet de santé... Bref, tous les documents de référence auquel votre enfant doit pouvoir avoir accès car ils le concernent.

Créez un dossier avec son nom à un endroit que vous lui montrerez. Tant qu'il est petit, c'est vous qui manipulez les documents. Dès l'âge de 10 ans, il doit pouvoir y accéder avec votre permission.

À partir du jour où il circulera seul, il gardera sur lui, dans un portefeuille ou une pochette, une photocopie de sa carte d'identité (s'il en possède une) ou un document prouvant son identité et comportant une photo, sa carte de groupe sanguin, et, s'il est concerné, la liste de ses allergies.

Hormis ces papiers-là, il est tenu de rapporter les documents à leur place immédiatement après usage. Insistez, s'il le faut, autrement, des dépôts sauvages seront créés et vous passerez des heures à fouiller dans les endroits les plus improbables, à la recherche de cette fichue carte de réduction, juste au moment d'aller à la piscine.

Les papiers « à transformer »

Un papier à transformer, c'est, par exemple, un document dont il faut copier les dates et heures sur un agenda : la réunion parents/professeurs se déroulera le 12 septembre au collège en salle 204, Spider des Caraïbes 13 sera projeté à la salle municipale le 25 mai à 15 h... C'est l'invitation à l'anniversaire de Camille pour laquelle il faut non seulement marquer date et heure sur un agenda, mais aussi recopier l'adresse et le numéro de téléphone pour prévenir les parents que Pépette viendra. En somme, chaque document comportant une information utile à « recycler ».

Dès l'âge de 4 ans, montrez à votre enfant comment vous transformez un document en quelque chose qui vous permettra de ne pas l'oublier (agenda), et comment vous extrayez l'information intéressante (Spider des Caraïbes 13) d'une masse d'informations. Ensuite, jetez le papier que vous avez reçu. Sauf, évidemment, si Pépette veut garder la belle carte de Camille en souvenir. Autrement, à quoi sert l'invitation de Camille si elle est enfouie dans une pile sur votre bureau et qu'on l'oublie ? Et à quoi sert le programme de cinéma si on en prend connaissance trop tard parce qu'on l'a laissé en vrac sur l'étagère dans l'entrée ? Gardez donc vos bureaux dégagés et votre mémoire intacte.

Dès qu'il aura un agenda, encouragez vote enfant à en faire autant. Le professeur de danse donne la date des répétitions avant le spectacle de fin d'année ? Fille Aînée recopiera les horaires (et vous aussi, si vous la véhiculez !) ? Copain Bob fête ses quinze ans ? Demandez à Fils du Milieu de noter une semaine avant l'événement « acheter cadeau pour Bob » sur son agenda. Cette méthode de « transformation de l'information » s'avèrera précieuse tout au long de la vie de votre enfant, parce qu'elle lui permettra de ne jamais crouler sous les papiers et d'oublier le moins de choses possibles.

Les magazines et les journaux

Mamie, éprise de culture, a abonné Petit Dernier à « Je suis fan de lecture », un mensuel. Super, il adore ! Oui, mais ça fait trois ans maintenant, et on en fait quoi de tous ces magazines, plus ceux de ses frères et sœurs ?

On les garde tant que l'abonnement est en vigueur, c'est-à-dire, au plus, un an. Au bout d'un an, posez la question à votre enfant : « Veux-tu les lire encore ? » S'il hausse les épaules en grommelant « nianiania, trucs de bébés », vous avez compris : gardez-en cinq en souvenir si vous le souhaitez, et proposez les précieuses revues à des proches, et si personne n'en veut, à votre médecin pour sa salle d'attente. Tentez votre chance auprès des instituteurs. Ou jetez-les.

Si votre enfant préfère les conserver, voyez si cela n'encombre pas trop sa chambre, au détriment de choses plus nouvelles. Si c'est le cas, proposez (encore) un carton soigneusement étiqueté : vous lui donnerez lorsqu'il quittera la maison, na !

Le courrier papier (et électronique)

Mis à part les invitations et les lettres de la Mamie du Sud, votre enfant ne reçoit guère de courrier papier. Prenez une boîte à chaussures et rangez-y les lettres et cartes qu'il a reçues. Il décidera plus tard, quand il partira, s'il souhaite les garder ou non.

Une précision pour le courrier électronique, dès qu'il a une adresse de messagerie à lui : montrez-lui comment créer (s'il ne l'a pas déjà découvert seul) des répertoires par sujet pour ranger ses mails, sous peine de voir sa boîte d'entrée déborder.

Déléguer le rangement ?

Vous avez peut-être une femme de ménage ? Peut-être entre-t-il dans ses attributions de ranger les affaires de vos enfants ? Ou bien vous faites partie de ces parents dévoués qui considèrent « qu'ils (les enfants) ont déjà tellement de choses à faire », et que ranger les affaires de chacun fait partie de votre rôle ? Nous vous suggérons cependant d'enseigner à vos enfants l'autonomie sur ce sujet.

Vous ne pouvez pas être certain qu'ils auront, dès leur entrée dans la vie active, les moyens de payer quelqu'un pour « passer derrière eux » ou un secrétaire particulier. De même que vous ne pouvez imaginer une seule seconde qu'une fois en couple, les filles passeront derrière les garçons pour ranger leurs chaussettes, comme cela se faisait encore il y a quelques décennies. Enfin, il n'est pas raisonnable d'envisager le dialogue suivant, sur le pas de la porte de l'appartement de votre fils, 27 ans : « Bonjour, ma chère belle-fille, je viens ranger les affaires de Damien. »

Pour le rangement de son espace de vie, l'autonomie est réellement un basique à acquérir le plus tôt possible. Sachez toutefois que, s'il vous arrive fréquemment de rappeler que l'on doit se brosser les dents, il faut vous attendre à devoir rappeler tout aussi souvent « range ta chambre ! » On vous aura prévenu.

À 18 ans, il devrait être capable de...

- Jeter à la poubelle immédiatement ce qui doit l'être.
- Distinguer un objet qu'il garde comme souvenir d'un objet utile ou décoratif.
- Garder son bureau en ordre.
- Dégager rapidement le sol de sa chambre.
- Monter un meuble en kit.
- Ranger sa chambre en découpant cette tâche en petites étapes.
- Trier intelligemment les objets contenus dans un espace encombré.
- Faire le tri de ses vêtements à chaque changement de saison.
- Conserver et retrouver rapidement les documents importants.
- Transformer un document en information.

Fiche pratique

Monter des étagères en kit

N'ayons pas peur du ridicule : lorsque nous montons les meubles Ikérama en grommelant des horreurs contre la façon saugrenue qu'ont les Scandinaves de livrer leurs meubles, nos enfants ricanent sous cape ou fuient l'énervement parental. Leçon de choses : et si on leur montrait comment faire pour plus tard ? Après tout, dans quelques années, ce sera leur tour, non ?

D'après nos experts, tout réside dans la préparation :

1. Lire les instructions en entier. Oui, en entier, sans se lancer d'emblée dans la première étape.
2. Réunir les outils nécessaires (des dessins très bien faits nous les indiquent).
3. Ouvrir proprement tous les petits sachets et grouper nettement leur contenu, sur une ligne au sol, sur votre droite.
4. C'est parti.
5. Un petit café ou un grand verre de soda pour arroser ça.

Chapitre 4

Dompter (presque toutes) les tâches domestiques

« Je déteste faire le ménage. Vous faites le lit, la vaisselle, et six mois après, tout est à recommencer. »

Joan Rivers

Est-il possible de passer moins d'une heure par semaine à nettoyer et débusquer toutes les cochonneries que votre enfant cache dans tous les recoins de votre antre ? Oui, quand vous l'aurez aménagé pour faciliter son entretien. Oui, quand vous lui aurez montré quand et comment faire. Oui, quand vous aurez réussi à faire rimer travail d'équipe et efficacité… L'astuce, c'est donc de commencer tôt à associer vos enfants aux tâches domestiques, avec autant de naturel et de conviction que possible ; de la même façon que vous leur apprenez à bien se tenir à table ou à remercier Mamie. Et si vous vous y prenez plus tard, tout n'est pas perdu pour autant. On vous dit comment procéder. Fringues en tas et toilettes crasseuses ou vélo en bon état et chaussures cirées ? Tout ce qu'il y a à savoir sur l'entretien du monde de vos enfants est expliqué dans ce chapitre.

Faire bon ménage avec le ménage...

Quand commencer ?

À l'âge de 3 ans, les enfants veulent nous aider. Leur fournir des occasions de le faire, c'est leur permettre de se découvrir compétent : « T'as vu, je sais faire comme un grand ! » Si nous pensons (et commettons l'erreur de leur dire) que les tâches domestiques ne sont pas pour eux parce qu'ils sont trop petits, tant pis pour nous : lorsqu'ils seront plus grands, leur version de « mais je t'aide, Papa ! » consistera à lever les pieds pendant que vous passez l'aspirateur sous le canapé du salon.

Si vous commencez à les associer aux tâches ménagères après 11 ans, il se peut qu'ils aient l'impression que vous leur demandez d'exécuter des tâches que vous ne voulez pas faire vous-même. À cet âge-là, plus centrés sur eux-mêmes, ils auront peut-être du mal à comprendre le concept de « nous sommes tous dans le même bateau », ou « tout le monde doit participer ». Pour autant, il ne faut pas renoncer : vous êtes tous dans le même bateau, en effet, et vous êtes responsable de leur éducation ; donc, d'une façon ou d'une autre, si vous décidez qu'ils doivent participer aux corvées domestiques, ils doivent vous obéir, même en râlant. De toute façon, pour cela ou autre chose, Fille Aînée râlera, alors...

PAROLES DE PARENTS

« L'un de mes enfants a commencé à me proposer son aide systématiquement lorsqu'il a réalisé que je mettais des gants (roses). Après que je lui en aie trouvé à sa taille (en latex, jetables), il ne rêvait plus que de plonger dans la cuvette et le seau pour m'aider ! »

Nathalie, 34 ans, designer, deux enfants.

Pour certains, il pourra être judicieux d'argumenter en termes d'« hygiène ». Parlez microbes, moisi... Racontez-leur cette étude scientifique qui montrait que, en analysant des cacahuètes dans un bistrot, on avait trouvé des traces d'urine. Non seulement parce que les gens ne se lavaient pas les mains en sortant des toilettes, mais parce qu'ils touchaient des endroits souillés (pouark). Montrez-leur aussi l'état du haut du frigo lorsque vous l'oubliez quelques semaines au moment du coup d'éponge... Ben oui, ça colle.

Au fur et à mesure qu'ils grandissent, essayez de tenir compte du style d'apprentissage de chacun de vos enfants : pour l'un, il faudra montrer la même technique plusieurs fois, tandis que l'autre comprendra du premier coup ; l'un sera plus à l'aise en vous imitant, l'autre en ayant une consigne écrite à suivre...

PAROLES DE PROS

Comment décorer de façon pratique une chambre d'enfant ?

Valérie Laporte Volatier, créatrice de la société « Les murs ont des oreilles », trois enfants, explique :

« Aux murs, choisir une peinture lessivable, de préférence acrylique, car la peinture glycérophtalique a une odeur forte qui peut durer plusieurs jours. Elle ne devrait pas être mate mais plutôt satinée. À noter que le brillant supporte moins les défauts du mur. Au sol, privilégier les revêtements naturels pour limiter les risques d'allergie (parquet, sisal, coco). Les dalles de PVC sont quant à elles traitées, le plus souvent, contre les taches et les rayures, et elles permettent une bonne isolation phonique. Méfiez-vous des moquettes synthétiques dans lesquelles les acariens se nichent. »

Trois précautions préalables

Patience et longueur de temps...

Certes, pour associer nos enfants aux tâches domestiques, nous devons faire un effort. Ainsi, Pépette, toute pleine de bonne volonté, va plus lentement que nous. D'ailleurs, elle a besoin de 40 minutes tous les matins pour prendre son petit-déjeuner. Mais regardez mieux : voyez comme, d'une séance de plumeau à l'autre, sa dextérité augmente. Encourageant, non ? Bref, ralentissez. Acceptez qu'elle y mette plus de temps que vous.

… font plus que force et que rage

Deuxièmement, il faut leur permettre de participer avec leurs moyens : inutile d'exiger un époussetage complet du salon. En revanche, passer le chiffon sur la table basse et les pieds des chaises, sans être d'une utilité folle, leur fournit l'occasion d'effectuer une activité en compagnie d'un adulte. Et quoi de plus gratifiant pour un petit ? Rappelons que, pour un jeune enfant, jouer au Memory avec Maman est aussi amusant que « nettoyer les vitres avec Maman », ou bien que « jouer au puzzle avec Papa » égale en plaisir « laver la voiture avec Papa ». Passer du temps avec nos enfants peut se faire aussi, on vous l'assure, à l'occasion de l'exécution des tâches domestiques.

La perfection n'est pas de ce monde, dit-on

Laissons de côté notre perfectionnisme. Si celui-ci vous démange, passez derrière vos enfants lorsqu'ils ne sont pas là. C'est vrai, laisser Petit Dernier vider le lave-vaisselle comporte quelques risques de bris d'assiettes. Mais, entre nous, il n'y a pas mort d'homme. Et qui a cassé le verre à moutarde, l'autre jour ? Bonne occasion de rappeler que l'on tient les objets à deux mains avant de commencer à se déplacer dans la cuisine.

Et à propos de perfectionnisme, demandez à votre petit de 4 ans de vous suivre, pelle et balayette à la main. Balayez et faites des tas au sol, puis admirez le soin avec lequel il regroupe miettes et poussière dans la pelle avec sa balayette.

N'offrez votre aide que s'ils vous le demandent ou si un désastre est imminent. Si vous vous précipitez trop vite, ils n'auront pas le temps de trouver des solutions, se sentiront frustrés et se retrouveront à gémir « j'y arrive pas » à la prochaine difficulté. Laissez-les tenter de trouver une solution seuls, surtout si vous pensez qu'ils sont capables de réussir. Louez alors leurs talents. Confiants dans leurs nouvelles compétences, ils auront envie d'essayer encore et encore.

Le geste écolo !

Le pschitt magique

Dans un vaporisateur (reconversion d'un produit pour laver les vitres ou vaporiser les plantes), verser 3/4 de litre d'eau, 1/4 de vinaigre d'alcool blanc et une cuiller à soupe de base lavante neutre (ou, à défaut, de produit vaisselle). Parfumer avec quelques gouttes d'huile essentielle (menthe, citron). Ce produit sert à tout nettoyer sans agresser les surfaces et est sans danger pour les petits.

Comment s'y prendre ?

Au tout début, il s'agit bien sûr de l'impliquer dans la réparation de ses propres dégâts. Il a vidé son verre d'eau par terre ? Couvert la porte de la cuisine de Chocotartine ? Vous ne vous attendez pas à ce que l'on vous hurle dessus quand vous renversez un verre ? Alors contentez-vous de lui tendre aimablement l'éponge qui lui servira à nettoyer... Vous aurez vite la satisfaction de le voir aller chercher l'éponge tout seul la prochaine fois, et apprendre à ne pas renverser son verre à tout bout de champ.

Les bons outils font les bons ouvriers

Imaginons que vous souhaitiez que votre enfant (1,10 m en basket) apprenne à nettoyer derrière lui les inévitables taches et dégoulinades dues au plantureux goûter pris dans la cuisine. Essuyer la table, c'est : attraper l'éponge par-dessus l'évier, ouvrir les robinets, régler la température, essorer l'éponge, se rendre sur le lieu du crime, procéder au nettoyage et revenir à l'évier pour remettre le tout à l'état initial. Décourageant à première vue. Maintenant, placez à sa hauteur, sur un comptoir ou une table facile d'accès, une assiette et une petite pile de papier absorbant prédécoupé par vos soins. Humidifiez une jolie éponge et placez-la dans l'assiette. Vous verrez alors avec quel enthousiasme votre Attila de 16 h 30 se transforme en fée du logis. Et ce après chaque repas.

Ensuite, la meilleure façon de l'impliquer est sans aucun doute de créer des rituels. Il est difficile pour un enfant de se repérer dans le temps et dans les tâches à effectuer. Il faut donc l'y aider. Mercredi, c'est le jour où l'on n'a pas école, par exemple. Ce peut être aussi le jour où, avant d'aller au judo, on fait le repas avec Maman. Ou bien le jour où, avant les dessins animés du soir, on aide Papa à changer les draps.

En faisant suivre une tâche ménagère d'une activité de détente, vous enseignez à votre enfant cette alternance de corvées/plaisirs avec laquelle il vivra toute sa vie, et vous renforcez ainsi sa motivation. Il repérera vite, pourvu que vous l'y associiez régulièrement, les rythmes de la vie de la famille.

Le geste écolo !

Lingettes *or not* lingettes ?

Si vous voulez aider à sauver la planète, renoncez aux lingettes imbibées de produits nettoyants, aussi pratiques soient-elles. Elles se recyclent mal et coûtent bien plus cher que le duo classique éponge + produit.

Sachant que les enfants aiment s'amuser et nous imiter, pourquoi ne pas vous procurer un balai à sa taille, un plumeau coloré, un tablier avec deux poches, voire un mini aspirateur sans fil, que Petit Dernier manipulera sous votre surveillance ? Pensez aussi aux vieilles chaussettes, si amusantes à enfiler sur les petites mains pour frotter ou épousseter.

Comment laver les vitres sans s'empoisonner la vie ?

Matériel nécessaire : eau bien chaude, vinaigre d'alcool blanc, éponge, microfibre, petite cuvette. Mettre un peu d'eau chaude dans la cuvette et ajouter deux cuillers à soupe de vinaigre. Tremper l'éponge, l'essorer et la passer sur la vitre. Puis essuyer avec la microfibre. Le tout va très vite, le résultat est étincelant et personne n'a reçu de produit chimique dans les yeux.

Comment procéder pour les enfants plus grands, s'ils n'ont pas eu l'habitude de participer ?

Pour les plus grands, n'hésitez pas à les déranger (oui, même s'ils ronchonnent) pour les associer à vos « corvées ». « Fils du Milieu, peux-tu venir laver les vitres du salon avec moi, s'il te plaît ? ». Oui, vous le dérangez, c'est vrai. Du reste, nous aussi préférerions jouer de la souris plutôt que de la microfibre. Mais si l'on s'y met à deux, ça va plus vite et tout le monde – même vous – peut retourner, au bout de quelques minutes, à des activités plus distrayantes. Vous n'avez pas à vous justifier. Il habite chez vous, il participe. Un peu de conviction, que diable ! Acceptez qu'il sauvegarde l'étape du jeu vidéo où il se trouve (quelques instants, quand même) et accueillez-le au salon avec le sourire (et le matériel adéquat). Souvent, il faudra insister. Et alors ? Combien de fois lui avez-vous dit « ne mets pas tes coudes sur la table ? ».

Ne faites cependant pas peser sur ses épaules le fait que vous avez « oublié » de lui apprendre à participer à la maison. N'imaginez pas que, du jour au lendemain, il va devenir une fée du logis (et pourquoi pas un maniaque de l'ordre aussi !). Osez la progressivité. Ce mois-ci, objectif débarrassage de table au dîner. Le mois prochain, vaisselle ! Et un mois à la fois, vous finirez bien par avoir chez vous l'équipe complète de Nettoietout-chezvous.com.

Si vos enfants n'ont jamais mis la main à la pâte, voici quelques pistes.

Le jour J

Commencez solennellement par une réunion de famille. Vous y expliquez qu'à partir de maintenant, ils sont assez grands pour participer réellement à la vie de la maison. Tout le monde travaille (école, bureau, maison) et tout le monde fait sa part des tâches ménagères. Vous aurez au préalable constitué une liste des tâches que vous jugez indispensables, incluant celles que vous gardez pour vous et celles que vous souhaitez déléguer[6]. Montrez clairement cette liste à vos proches. Elle est longue, non ? Entre vider le lave-vaisselle et sortir la poubelle, en

6. Pour la façon détaillée de procéder, se reporter à notre ouvrage *S'organiser, c'est facile !*, Eyrolles, 2007.

passant par l'aspirateur et les draps à changer... C'est fou tout ce que vous faites dans une semaine... et que vos enfants n'imaginent même pas. Demandez-leur de choisir les tâches qu'ils accepteraient d'effectuer, et répartissez-les entre vous jusqu'à ce qu'il n'y en ait plus.

Équilibre et régularité sont les deux mamelles d'une délégation réussie

Veillez à une juste répartition et réfléchissez avec eux, concrètement : à quel moment Fille Aînée peut-elle sortir la poubelle ? Certainement pas le matin en partant au lycée ; elle a le temps de se maquiller soigneusement, c'est vrai. C'est d'ailleurs pourquoi elle part toujours sur les chapeaux de roue. Du coup, il est peu probable qu'elle ait le temps de descendre la poubelle. En revanche, le soir où elle va au hip-hop ? Possible ? Gagné. Quant à Petit Dernier, lui, il adore mettre les couverts au bon endroit dans les tiroirs. Et s'il vidait le lave-vaisselle tous les lundi ?

Et Pépette ? Si on lui confiait l'approvisionnement en eau du cochon d'Inde ? Pour le repassage, proposez qu'il se déroule en même temps que la série télé qui les passionne : chacun repassera ses affaires à tour de rôle pendant l'épisode.

Le ménage des chambres sera assuré par chacun, à un moment où il y a le plus de probabilités d'avoir lieu avec régularité. Par exemple, vous n'aurez aucune chance de créer un rituel qui fonctionne si vous décrétez que le ménage aura lieu le dimanche matin. Et ceux qui sortent en boîte, le samedi soir, vous y avez pensé ? En revanche, s'il s'avère que tout le monde est là le mercredi matin, hop, ménage pour tous. C'est plus sympa à plusieurs. Ou bien, autre possibilité, chacun fait son ménage de chambre quand ça l'arrange, mais idéalement toujours le même jour. En effet, vous avez autre chose à faire que de gérer les emplois du temps exceptionnels de chacun : « oui, mais là, je ne peux pas le faire parce que j'ai promis à Bob de le rejoindre au ciné... ». L'objectif est d'ancrer l'habitude sur plusieurs mois, avec aussi peu d'exceptions que possible, jusqu'à ce que plus personne ne se pose de questions, ni vous, ni vos enfants.

Pour un bon ménage de la chambre, vous savez déjà qu'il faut pouvoir compter sur un rangement régulier. Assurez-vous cependant que certaines choses, présentes dans la chambre de votre enfant et gênant le ménage, ne sont pas dues à votre invasion. En effet, certains parents, tant que leurs enfants ne protestent pas, utilisent leurs chambres pour stocker des merveilles qui n'ont rien à y faire, et y installer des meubles inutiles. Regardez bien. Ça peut vous arriver à vous aussi.

C'est mon tour !

Certaines familles fonctionnent « au tour ». C'est à n°1 de débarrasser la table le lundi, n° 2 le mardi, etc. C'est d'autant plus amusant que l'on voit rapidement apparaître des négociations secrètes entre enfants : « Pépette, si tu remplis le lave-vaisselle à ma place cette fois-ci, je passe l'aspi dans ta chambre, ok ? » Laissez-les faire, ils auront besoin de négocier toute leur vie. Et pour vous, ce qui compte, c'est le résultat final. En revanche, soyez vigilant si vous constatez un déséquilibre entre vos enfants : ce ne serait pas juste que Fils du Milieu, sous prétexte qu'il est plutôt faible, se retrouve avec plus de tâches à faire que les autres.

Laver son linge sale en famille

Chères mères-poules, mettons les choses au clair. Il y a d'autres manières de faire revenir son fils à la maison quand il a passé les vingt ans que de lui proposer de vous rapporter son linge toutes les semaines. Bonne nouvelle pour vous, les chaussettes au camembert, les shorts boueux, les t-shirts « gothic dead zone », vous n'êtes pas obligées de les laver jusqu'à ce qu'il se marie. Sur le marché des célibataires, le « garçon qui ramène son linge à Maman » est de moins en moins tendance.

Donc, dès que les enfants sont petits, apprenez-leur le « panier ». Au moment où ils se déshabillent, regardez ensemble si les vêtements ont des taches ou sentent une drôle d'odeur, et envoyez votre zozo de 3 ans mettre son linge au sale. Montrez-lui comment vérifier le contenu de ses poches. Si vous avez plusieurs paniers pour « trier » directement, il apprendra vite à séparer le clair du foncé. Dès cet âge-là, il peut aussi vous aider à étendre le linge avec des pinces (à linge) et à plier les petits éléments (de linge) sortis du sèche-linge, ou à rassembler les paires de chaussettes.

Le tri du linge, c'est quoi ?

- Parmi le tas de fringues entassées dans la chambre, faire le tri entre vêtements portés et vêtements propres, juste roulés en boule et laissés pour morts.
- Remettre les propres dans le placard ; mettre le reste au sale. En profiter pour vérifier que l'emplacement du bac à linge sale est connu de votre progéniture.
- Identifier et mettre de côté tout ce qui nécessite réparation (à faire avant le lavage).

À partir de 7-8 ans environ, vous allez lui montrer comment faire une lessive en machine et aussi un petit nettoyage à la main (très utile lorsqu'on est invité chez des amis et que l'on a fait une tache que l'on n'ose pas montrer...).

Dès qu'il sera à l'âge de faire des achats par lui-même, expliquez-lui comment lire une étiquette d'entretien du linge. Même si la plupart n'aiment porter que des t-shirts et des jeans qui résistent aux pires traitements, ils craquent parfois pour des textiles étonnants ou des tissus brodés... Et qui va les laver à la main ou les porter au pressing ? Vous voyez le topo...

Le geste écolo !

Comment laver proprement ?

- Il n'est pas nécessaire de mettre plus de lessive pour laver mieux. Cela n'est pas plus efficace et ça pollue plus.
- Le sèche-linge consomme de l'énergie et use les vêtements plus vite que le séchage à l'air libre. Aussi, quand il fait chaud, pensez à étendre le linge.
- Le nettoyage à sec utilise du trichloréthylène (qui attaque le système nerveux) et coûte cher : pensez-y avant de choisir un vêtement.
- Le lavage de la vaisselle à la main dans l'évier, c'est-à-dire sans faire couler l'eau en permanence, n'utilise que quelques litres d'eau. C'est donc la méthode la plus économe.

Affaires de violon d'Ingres

Votre enfant est sportif ? Ou musicien ? Ou bricoleur ? Fort bien. Il est fan de VTT, de rugby, de perceuse, de vélo, de violon, de guitare électrique ? Parfait.

Montrez-lui dès l'âge de 5 ans comment prendre soin de son matériel, le nettoyer, s'en servir sans danger. Il semble logique à cet âge-là que, si votre enfant reçoit un équipement qu'il utilise régulièrement et qui lui appartient, il puisse l'entretenir lui-même. Même ses vieux crampons pleins de boue, même son étui à guitare...

Par exemple, dès que vous l'autorisez à faire du vélo seul, en ville, apprenez-lui à entretenir sa bicyclette pour qu'elle dure longtemps et qu'il se déplace en toute sécurité. En voici les principales étapes :

- Protéger le vélo des intempéries, de l'humidité, en particulier pour éviter la rouille. Pour cela, le stocker à l'abri ou, s'il est à l'extérieur, sous une bâche.
- Penser à essuyer cadre, selle et guidon avec un chiffon après usage intensif et humide (VTT dans les bois, par exemple), toujours pour éviter la rouille.
- Tous les mois, graisser chaîne, dérailleur et pédalier, mais pas le système de freins.
- Se renseigner auprès d'adultes compétents sur l'usage des rustines pour savoir s'en servir au moment venu.
- Gonfler ses pneus si nécessaire avant chaque trajet. Rouler avec les pneus sous-gonflés les fragilise.
- Vérifier que les catadioptres (les surfaces réfléchissantes) sont propres et en bon état.
- Porter un casque.

30 millions d'amis

Caresser son chien, jouer avec son chat, observer ses poissons rouges : de vrais moments de bonheur pour les enfants. Oui, mais ces êtres vivants ont besoin d'attention, tout comme nous.

Un chien (descendant du loup, tout de même), ça se promène, ça a besoin de bouger. Un chat, ça a besoin de faire ses griffes et de chasser. Un poisson rouge, ça a besoin de voir clair dans son eau.

Et pour leurs petits maîtres, zut, ce sont des corvées en perspective !

Jusqu'à l'âge de 4 ou 5 ans, vous ne pouvez pas demander grand-chose à votre enfant dans ce domaine. Les initiatives sont plus à redouter qu'à encourager. Ce sera déjà bien s'il ne tire pas les moustaches du chat et s'il n'enfonce pas des crayons dans les oreilles du chien...

Assurez-vous de ne pas laisser votre enfant de moins de 10 ans seul avec un animal qui pourrait le blesser, même involontairement. De même, ne forcez pas un jeune enfant à caresser un animal pour « faire connaissance ». Les enfants et les animaux les plus gentils peuvent avoir des réactions inattendues. Il y a donc risque de morsures et griffures parfois au visage.

Un jour, il vous réclame un animal dès qu'il se rend compte que son copain Michaël en a un. Dans sa famille rêvée, il y a souvent un chaton, un labrador, un joli aquarium et même des poules... Dites-vous bien que cet animal sera sous votre responsabilité, même si c'est son chien, jusqu'à sa majorité. S'il meurt de faim ou est abandonné sur le bord de l'autoroute le 14 juillet, c'est contre vous que l'on portera plainte. Et quand Fille Aînée trouvera une chambre de bonne pour faire ses études universitaires, c'est à vous que le propriétaire expliquera gentiment que, non, un labrador dans 20 m^2, ça n'est pas possible, et que le voisin (c'est lui !) n'aimerait pas.

Bref, avec un animal, vous vous engagez pour un certain nombre d'années, donc choisissez-le ensemble pour qu'il vive... euh... le temps voulu, et dites-vous bien qu'un enfant de 8 ans ne pourra pas payer la pension pendant les vacances ni le veiller toute la nuit lors de sa mise bas. S'il le faut, procurez-vous des ouvrages pour mieux comprendre les réactions de votre animal et éviter les erreurs. Lisez-les ensemble. Votre enfant fera d'autant plus attention à son animal qu'il aura compris ce qu'il faut faire pour son bien-être.

Dès l'âge de 6 ans, associez-le à tout, changez avec lui l'eau de l'aquarium (que fait-on de Maurice-le-poisson, à ce moment-là ?), changez la litière du lapin (son rôle se bornera à empêcher Pampan de filer sous le réfrigérateur pour grignoter tranquillement les fils électriques), nourrissez le chat, etc.

PAROLES DE PARENTS

« Depuis des années, mon fils et moi promenons notre chien ensemble, le soir. Mon fils a quinze ans aujourd'hui, et pour rien au monde il ne renoncerait à cette balade tranquille avec moi. Nous y parlons, entre hommes, de choses qui le préoccupent ou l'amusent. »

Jean-Pierre, 45 ans, directeur financier,
quatre enfants et un vieux chien.

Parfois, saisi d'une sainte flemme, votre enfant de 10 ans, désormais pleinement responsable de son animal, rechignera à s'occuper de son compagnon. Ces jours-là, ressortez votre chronomètre et mesurez le temps que prend le changement de litière de Dodue la Cobaye. Montrez à votre enfant que cela prend 11 minutes. Oui, seulement 11 minutes par semaine, c'est-à-dire pas grand-chose comparé à son temps de jeu vidéo, n'est-ce pas ? Alors, il le fait tout de suite, Dodue roucoule de bonheur et lui, il peut aller jouer, la conscience tranquille, en se souvenant qu'un animal, « ça ne prend pas beaucoup de temps », finalement.

J'ai descendu dans mon jardin… et y avait plus de romarin

Qui n'a pas regardé, fasciné, grandir des germes de lentilles dans du coton ? Et les radis et les capucines qui poussent si vite ? Si vous avez la main verte, quelques plantes vertes ou un jardin, voilà d'excellents terrains d'observation pour vos enfants.

Que leur enseignez-vous lorsque vous leur indiquez d'arroser les plants de tomates ? La patience, l'observation, le lien direct qui existe entre le soin et le résultat… la gourmandise, aussi.

Apprendre à reconnaître les symptômes d'une plante trop arrosée (feuilles toutes jaunes et molles), comprendre l'intérêt des lombrics (beurk), fabriquer du compost, tout ceci aide votre enfant à comprendre la vie qui l'entoure. En quelque sorte, comme dit la maîtresse de Petit Dernier, « c'est trèèès pédagogique ».

De plus, par les temps qui courent, osons dire que c'est un bon moyen de leur mettre dans les mains et dans la bouche des fruits, des légumes, des herbes qui auront poussé avec les engrais que vous aurez choisis et que vous aurez cueillis quelques minutes avant de les faire cuire. Évidemment qu'ils seront meilleurs qu'achetés à Carrechan !

Voici quelques tâches à effectuer sous surveillance dans le jardin, à adapter selon les enfants et la situation :

- À 4 ans, on arrose et on plante des graines sans problème. On adore ça, même.
- À 5 ans, on peut planter des bulbes.
- À 6 ans, on creuse, on désherbe, on fait pousser des plantes d'ornement.
- À 7 ans, on peut couper (sous surveillance) quelques rameaux tendres.
- À 10 ans, on prend soin de la plante que Tatie Danielle nous a offerte ou d'un bouquet de fleurs coupées.
- À 11 ans, on peut tondre la pelouse. Cependant, ne confiez le taille-haie électrique et la coupe du bois qu'à vos ados prudents.
- À 16 ans, on peut mettre des mini-tracts dans la boîte aux lettres des voisins pour proposer l'entretien des jardins et l'arrosage des plantes d'appartement pendant les grandes vacances.

Selon les familles, les tâches extérieures, réputées moins fréquentes et plus dures physiquement, donnent lieu à de l'argent de poche. Pourquoi pas ?

Boîte à outils

Pouf, nuit noire dans la maison. Partons du principe que vous, vous êtes capable de reconnaître assez vite que l'ampoule est morte, qu'un plomb a sauté ou que l'immeuble entier n'a plus de courant... Votre enfant saura-t-il en faire autant dans sa chambre de bonne dont il a surchargé les prises 1950 de multiprises pour y brancher son ordinateur ? Tout le monde a besoin d'avoir des bases de bricolage...

N'ayez pas si peur qu'ils se blessent. Les institutrices de maternelle avouent elles-mêmes qu'elles mettent parfois entre les mains d'enfants de 3-4 ans des outils comme une pince ou un tournevis (sous surveillance, évidemment). Leur dextérité dépend de vous : s'ils n'ont jamais touché un clou à 15 ans, ne vous étonnez pas s'ils fuient devant la perceuse à 25.

Dès l'âge de 7 ans, vos enfants peuvent vous aider en vous passant les outils, en repérant les consignes de sécurité. Et ils peuvent se lancer dans de petits projets, dans la mesure où vous avez le matériel adapté.

Pour les motiver, commencez par la déco de leur chambre et la réparation de leurs chers jouets. De toute manière, la mode est aux travaux manuels et à la décoration « à la main », alors n'hésitez pas.

Une trousse à outils comprend, au minimum : un marteau, une pince multiprise, une pince universelle, un jeu de tournevis (normaux et cruciformes, petits et grands), un jeu de vis et leurs chevilles assorties, un cutter. La perceuse ? Se la faire prêter, si possible.

Le geste écolo !

S'éclairer light

Les ampoules classiques se jettent à la poubelle tandis que les ampoules halogènes et les tubes au néon font partie des déchets ménagers spécifiques qu'il faut apporter à la déchetterie ou dans certains magasins de bricolage. Et les ampoules à basse consommation fonctionnent pendant des années sans avoir à les changer : à long terme, c'est une véritable économie, indépendamment des avantages pour l'environnement.

Grâce aux fiches en fin de chapitre, apprenez-leur à...

- Percer des trous.
- Déboucher un lavabo.
- Poser du papier peint.
- Changer une ampoule et un fusible.

Et aussi à...

- Changer les piles ou les cartouches des différents appareils qu'ils utilisent régulièrement.
- Recoller un objet brisé.
- Planter un clou. Choisir un crochet ou un clou selon ce que l'on souhaite y suspendre.
- Peindre une surface, après l'avoir préparée.
- Entretenir les différents appareils ménagers : changer un sac d'aspirateur, nettoyer les filtres de sèche-linge, lave-vaisselle, nettoyer l'embout du robinet pour retirer le tartre, détartrer une cafetière ou une bouilloire électrique...
- Changer un joint de robinet.
- Vérifier le flotteur du réservoir de la chasse d'eau, en cas de fonctionnement en continu.
- Vidanger un radiateur.
- Remettre du joint au mastic sur les fenêtres.
- Repérer une panne sur les différents appareils ménagers en se munissant du mode d'emploi.

Quels bénéfices en attendre ?

Associer assez tôt vos enfants aux tâches domestiques représente un investissement, en quelque sorte : il vous rapporte à long terme. S'il arrive que vous deviez leur déléguer la marche de la maison, ils pourront le faire. S'il arrive que vous soyez trop fatigué ou malade pour effectuer votre part des corvées, ils pourront vous en soulager sans que la maison devienne inhabitable. En revanche, ne pas les impliquer du tout comporte le risque d'exploser un jour sous le poids des corvées, et de hurler à la lune dans l'indifférence générale : « Je ne suis pas votre domestique ! »

Cependant, il y a encore plus de bénéfices à la clef pour eux : la possibilité d'augmenter leur estime d'eux-mêmes, par exemple, en prouvant très tôt des compétences variées (exécuter une tâche convenablement, répéter des actions et progresser, expérimenter toute sorte de situations et trouver des solutions, le tout sans danger, aider et être félicité pour cela, faire partie d'une équipe familiale et voir sa quote-part reconnue, etc.).

En les associant aux tâches domestiques, nous leur apprenons la responsabilité et comment prendre soin de leur environnement et d'eux-mêmes : ce n'est pas rien.

À 18 ans, il devrait être capable de...

- Nettoyer sa chambre.
- Nettoyer la cuisine.
- Nettoyer les sanitaires.
- Faire les vitres.
- Passer l'aspirateur.
- Nettoyer le réfrigérateur.
- Partager les tâches domestiques avec un colocataire.
- Faire une lessive, du tri du linge sale jusqu'au repassage et rangement du linge propre.
- Entretenir ses chaussures.
- Faire de la petite couture (refaire un ourlet, une petite couture défaite, recoudre un bouton).
- S'occuper de son animal domestique.
- Savoir réparer les petites pannes de la maison.
- Suspendre un cadre.
- Entretenir ses appareils électroménagers.

Fiches pratiques

Les toilettes ou le cauchemar des colocataires

- Enfiler une paire de gants de ménage dédiés à cet usage.
- Verser de l'eau chaude dans une cuvette ou un seau avec du détergent.
- Prendre une éponge dédiée à cet usage (pas celle de la vaisselle, donc) et la tremper dans l'eau chaude savonneuse.
- Nettoyer le tour des toilettes, au sol d'abord. Puis soulever la lunette en entier, nettoyer le bord de la cuvette.
- Nettoyer sur et sous la lunette et le couvercle puis sous les bords de la cuvette. Enfin, faire l'intérieur de la cuvette, en insistant là où c'est nécessaire.
- Verser le contenu du seau dans la cuvette et brosser avec la brosse de WC normalement disposée non loin.
- Tirer la chasse d'eau.
- Pulvériser un produit anti-calcaire spécial WC ou du vinaigre d'alcool sur les parois de la cuvette et sous ses rebords.

La lessive, comment ça marche ?

- Vider les poches. On peut expliquer les dégâts que peuvent causer les chewing-gums, mouchoirs et autres pinces à cheveux dans un lave-linge.
- Enlever les ceintures des pantalons.
- Vérifier sur l'étiquette que le vêtement peut être lavé en machine et à quelle température.
- Séparer le blanc des couleurs. Les jeans toujours à part, c'est plus prudent.
- Les pulls, si leur étiquette contient un bac avec une main, doivent être lavés… à la main. Ceci peut faire l'objet d'une démonstration séparée.
- Laver les tee-shirts comportant une inscription à l'envers.

- Ne pas trop charger la machine.
- Mettre la lessive (montrer le bac, ou s'il y en a plusieurs, y faire une croix au marqueur indélébile, on ne sait jamais). Pour les quantités, se reporter aux instructions du fabricant de lessive.
- Choisir la température. Dans le doute, choisir 30°C.
- Se souvenir qu'une lessive prend au minimum 45 minutes et qu'il est illusoire de croire qu'un jean mis à laver à 21 heures sera sec au moment d'aller en boîte.

Il n'y a aucun inconvénient à rédiger un mode d'emploi et à l'afficher au-dessus du lave-linge. Il est même possible que les autres adultes de la maison en aient l'utilité un jour... Tiens, et si Fille Aînée, la reine de la mise en page sur traitement de texte, rédigeait le mode opératoire ?

Recoudre un bouton

- Profiter des classes de mer ou colonies de vacances pour se faire la main et coudre quelques étiquettes.
- Pour les grands débutants, faire les premiers essais de couture sur un tissu.
- Passer le fil dans le chas (= le trou de l'aiguille) ; lécher le bout du fil, il passe mieux.
- Faire un nœud au bout du fil avant de commencer : enrouler le fil autour de son index et le faire rouler contre le pouce, comme pour faire le signe « argent ».
- Pour arrêter, piquer plusieurs fois au même endroit en faisant une boucle à chaque fois.

À titre dérogatoire, il est permis de jurer lorsqu'on se pique.

Nettoyer ou cirer ses chaussures

- Les chaussures de cuir ne se mettent pas à côté d'un radiateur : cela « cuit le cuir ».
- Cirer sert à protéger les chaussures et à les conserver en bon état plus longtemps, pas juste à faire beau.

- Protéger la table avec des journaux.
- Le cirage s'applique avec un chiffon ou une brosse.
- Laisser sécher quelques instants et faire briller au chiffon ou à la brosse.
- Les chaussures de sport extérieur (foot, jogging…) se grattent à l'extérieur pour retirer la boue (on peut attendre qu'elles sèchent… pas jusqu'au prochain entraînement, tout de même).
- Pour les baskets, faire comme on veut. Si on souhaite les laver, les mettre dans une taie d'oreiller au lave-linge.
- Éviter de porter deux jours de suite la même paire : pitié pour la qualité de l'air !

Comment percer des trous ?

Accrocher sa première étagère, fixer un miroir, équiper sa cuisine de placard… autant d'occasions de percer les cloisons.

- À partir de l'objet que l'on veut fixer, choisir la taille de la vis qui correspondrait à ce diamètre et la cheville assortie (elles sont vendues ensemble, heureusement). Choisir la mèche de la perceuse du même diamètre que la cheville. Pour savoir quelle cheville choisir, regardez les cloisons. Si le logement est ancien, les cloisons sont vraisemblablement en brique ou en placoplâtre, donc creuses. Il faudra alors choisir une cheville en plastique. Le logement est plus récent ? Les cloisons sont certainement en plâtre et en polystyrène, ce qui implique l'usage de chevilles particulières : les schémas sur les emballages de chevilles ou l'aide d'un vendeur du rayon quincaillerie sont alors bien utiles.
- Indiquer l'emplacement du trou sur le mur, au crayon.
- Protéger ses yeux (de vieilles lunettes de ski feront l'affaire).
- Veiller à maintenir la perceuse perpendiculairement à la cloison pendant le temps du perçage et au moment du retrait de la mèche hors du mur.

Comment déboucher un lavabo ou un évier ?

- Faire glisser le pied du lavabo s'il est sur colonne, pour accéder au siphon.
- Placer un seau sous le siphon et se munir d'une serpillière.
- Dévisser le siphon à la main (aucun écrou visible) ou à la pince multiprise.
- Enlever tout ce qui gênait l'écoulement (cheveux, menus objets, savon agglutiné...).
- Revisser le siphon.

Comment poser du papier peint ?

- Choisir un papier peint « sans raccord ». Faire attention au numéro de « bain » : il doit être identique pour tous les rouleaux.
- Avant de poser le nouveau papier, il faut retirer l'ancien.
- De l'eau chaude dans une cuvette et une éponge suffisent. On peut aussi louer une décolleuse à papier peint. On humecte le vieux papier jusqu'à ce que la partie « pelable » parte. On peut garder au mur la partie fine.
- Démonter une porte, enlever la poignée et la poser sur deux tréteaux. Elle servira de table à encoller.
- Couper les lés en gardant toujours une marge de sécurité de 10 cm de plus que la hauteur entre la plinthe et le plafond. Encoller un lé et le poser. Partir de l'entrée de la pièce (les raccords en fin de pose se verront moins). Faire le tour de la pièce en les posant bord à bord. Les découpes se font au cutter.
- Chasser les bulles à la main ou à la brosse spécial papier peint (ce n'est pas indispensable).

Comment changer une ampoule ?

- Il est prudent de constituer un mini-stock d'ampoules correspondant aux douilles de la maison (à vis ou à baïonnette) pour le jour où on en aura besoin.
- Couper le courant (bouton marche/arrêt) du compteur d'électricité.
- Changer l'ampoule.

Comment changer un fusible ?

Quand « les plombs sautent », il faut couper le courant, enlever le fusible défaillant (à l'aide d'un tournevis si l'installation est ancienne), et vérifier que celui que l'on s'apprête à mettre en échange a bien le même ampérage (le chiffre devant la lettre A) que celui que l'on retire.

Chapitre 5

Organiser sa vie scolaire

« Ma maîtresse est malade, elle a la grève. »

Mot d'enfant

Cahiers, stylos, leçons à apprendre, devoirs à faire, exposés à boucler, classeurs, et révisions... Au secours ! Comment l'aider à ranger son cartable et son bureau ? Quel système de classement adopter ? Et les devoirs, quand les faire pour ne pas subir le syndrome du « dimanche soir, j'ai fait mes maths » ? Comment organiser un travail de longue haleine ? Ce chapitre pourrait bien donner à vos enfants du temps supplémentaire pour s'amuser... sans mauvaises notes associées !

Maternelle : cahier de vie et manteau bien mis

Parents d'élèves de maternelle, réjouissez-vous ! Après la période crèche et garderie, vous voilà déchargés de la responsabilité du « sac d'école » pour quelques années. Rien à acheter à la rentrée, rien à ranger, presque rien à oublier, à part le goûter du soir dans quelques écoles. Voyez-vous ça… Si en plus la maîtresse n'insistait pas pour que vous jouiez aux petits chevaux pour qu'ils apprennent à compter, ça serait le paradis.

Pourtant, c'est bien à partir de cet âge-là qu'il faudrait rendre vos enfants responsables de leurs affaires. Nous avons déjà parlé du bureau, celui où vous stockerez de quoi dessiner dès que le besoin s'en fera sentir. Insistez bien auprès des enfants pour qu'ils referment les stylos et les tubes de colle ; c'est idiot, mais vous imaginez bien ce que peut donner un tube de colle Aha ouvert au fond du cartable d'un enfant de 6 ans… Prenez les devants ! Vous y serez aidé par l'institutrice de première année de maternelle et les suivantes, et certainement par les aînés, s'il y en a déjà (« Maman, Pépette m'a piqué mon feutre rouge et il marche plus parce qu'elle a perdu le bouchon ! »).

Quand la vénérée maîtresse vous transmet un cahier ou un livre, quel qu'il soit, juste avant les vacances, prenez la peine de le consulter avec votre enfant. Faites comme s'il s'agissait des premiers devoirs de votre rejeton. Faut-il raconter la sortie à Ikérama sur le « cahier de vie » ? Faites-le en quelques lignes. Faut-il raconter l'histoire des Trois petits lézards un soir du week-end ? Prenez les quelques minutes nécessaires. Faut-il préparer deux euros pour la sortie au cinéma de jeudi prochain ? Sortez-les vite de votre tirelire. C'est très simple, dorénavant, pour votre enfant, si la maîtresse a dit de le faire, il faut vraiment trouver un cas de force majeure pour ne pas s'y soumettre.

L'institutrice de maternelle sera votre partenaire de tous les instants pour encourager l'autonomie de votre enfant. Elle rêve, elle aussi, d'un enfant qui se déshabille tout seul pour aller aux toilettes, qui remet ses chaussures après la sieste, remonte la Fermeture Éclair de son manteau, coupe sa viande à la cantine, range les feutres… De votre côté, vous l'aiderez en habillant votre enfant de vêtements et de chaussures faciles à enfiler et à retirer, et en renforçant à la maison les bonnes habitudes prises à l'école !

PAROLES DE PROS

« Je pense que l'organisation s'apprend dès la toute petite enfance. Si votre enfant doit apporter un sac à la crèche, on peut déjà lui demander son aide pour le garnir... Ensuite, ça sera toujours à lui, à l'école primaire, de ranger ses affaires correctement dans son cartable, et il apprendra progressivement.

Au collège, apprendre à gérer son temps devient très important. Les profs, et surtout les parents, se fatiguent d'entendre de fausses excuses pour devoir se mettre sur un exercice de maths le dimanche soir en rentrant d'un repas de famille prévu depuis un mois. Entre nous, je ne considère pas comme dramatique qu'un élève décide de préférer aller voir sa grand-mère plutôt que de calculer le carré de l'hypoténuse, mais alors qu'il assume : il prend le risque d'une mauvaise note, tout seul. »

Cathy Lemer, coach d'orientation et d'organisation scolaire (IECE).

Affaires d'école : cartables en vrac et fiches du bac

À l'école primaire

Trouver un bon cartable

Arrivé à la « grande école », Zozo 1er maîtrisera la plupart des compétences exigées à la fin de la maternelle, y compris le langage scatologique de base et l'art de se moucher dans sa manche. Mais en grandissant, les difficultés s'accroissent avec l'apparition de notre outil favori : le cartable.

Vous, ancien premier de la classe, vous en rêviez déjà pendant le dernier mois de Grande Section : la jolie liste de fournitures, souvent distribuée dès le mois de juin, avec en tête le cartable. Croyez-le ou non, le cartable idéal est difficile à trouver. On le veut à la bonne taille (pas deux fois plus large que les épaules de l'enfant), pas trop cher ou bien très solide (les deux, c'est de la pure illusion), avec des bretelles rembourrées (impossibles à retourner), facile à ouvrir et à fermer (mais les fermoirs en métal ont disparu depuis belle lurette), pas trop salissant, avec des poches à l'intérieur et pas trop ridicule. Oui, on a beau ne pas être sexiste, ce superbe cartable qui réunit toutes les qualités, mais qui est rose avec des fleurs, on aura quand même du mal à l'acheter à notre petit dur. Même pas sûr que ça le fasse rire !

Une chose à retenir concernant le cartable : il constitue votre agent de relation permanente avec l'école. À l'école primaire, vous devrez le fouiller tous les soirs pour y trouver toutes les traces de la vie scolaire de votre enfant : en dehors des sacro-saints cahiers de devoirs et de correspondance (à consulter quotidiennement), retirez-en régulièrement les dessins, avions en papier, restes de goûter, images de la maîtresse, invitation pour un anniversaire... Il y a en effet de bonnes chances pour que personne ne vous prévienne de la présence d'un de ces objets, et encore moins du vieux tube de colle englué au fond de la trousse. À propos de cette dernière, pensez à l'explorer en détail à la fin de chaque semaine pour vérifier la bonne marche de chaque outil et la disponibilité de chaque objet réclamé en début d'année.

Joyeuses fournitures

Une fois le cartable trouvé, à nous les joies des fournitures scolaires. Décidez, à la maison, une fois pour toutes, d'un endroit où l'enfant rangera toutes ses affaires d'école. Cet endroit sera le plus souvent son bureau. Mais s'il préfère faire ses devoirs, par goût ou par manque de place, sur la table de la cuisine, la logique voudrait que les cahiers et livres soient rangés dans la cuisine. Dans ces cas-là, le plus simple est certainement de choisir une « caisse d'école » où l'on rangera le nécessaire.

En vérité, ce système sera instauré dès la première classe du primaire par goût du rituel. En effet, votre enfant n'aura à ranger dans son bureau ou dans sa caisse que les quelques stylos et gommes que vous aurez en réserve pour le cours de l'année. La plupart de ses cahiers et livres seront transportés dans son cartable ou laissés à l'école dans son casier. Autant que possible, expliquez à votre enfant qu'il doit garder son casier en ordre, au risque d'y perdre un tas de choses. Certains parents de zozos particulièrement étourdis exigent qu'ils vident leur casier dans leur cartable à chaque veille de vacances ; à vous de voir si l'instituteur est d'accord !

En tout état de cause, questionnez votre enfant et responsabilisez-le pour ce qui est des fournitures scolaires. La première année du primaire est souvent jalonnée de dons innocents et de prêts à long terme, pour la simple raison qu'aucun enfant n'est venu avant cette année à l'école avec ses propres affaires. Profitez de la valeur relativement minime du matériel de cette première année pour lui apprendre à surveiller sa gomme, son stylo vert et ses ciseaux qui s'appellent « Reviens ». De même, lorsque vous retrouverez dans la trousse le stylo du gentil voisin ou le crayon prêté par la maîtresse, insistez pour que le tout soit rendu aussi vite que possible.

Du casier au cartable (et vice versa)

Bien entraîné, votre enfant devrait être fin prêt pour les nouveautés qui arrivent dès la troisième année. C'est en effet dans cette classe que l'on attendra de votre enfant qu'il gère lui-même le trafic casier-cartable. La plupart des enfants se prêteront rapidement au jeu, encouragés ou non par l'instituteur. Pour les autres, expliquez-leur comment ritualiser le processus. Il y a deux solutions, à adapter à la vie de la classe (et à l'avis de la maîtresse) : soit il note les devoirs matière par matière au fur et à mesure de la journée, auquel cas il doit penser, à chaque fois, à mettre directement son livre de français, par exemple, dans son cartable, soit il note tous les devoirs d'une traite et doit tout ranger en gardant le nez sur son cahier dès qu'il a fini de noter. Vous éviterez ainsi deux excès : l'oubli systématique du livre de grammaire (impossible donc de faire le fichu exercice) et le transport systématique de l'ensemble des fournitures et littératures avec la perspective d'une scoliose.

Tous ces problèmes d'organisation sont à régler impérativement tant que l'enfant est à l'école primaire. Non seulement cela facilitera le travail de chacun, mais ce sont des compétences exigées à l'entrée au collège. Oui, car au collège, ça se complique grandement.

Au collège

Imaginez que, demain, on vous offre un boulot formidable et varié : vous changez de lieu et d'outils de travail à peu près toutes les heures, pendant environ huit heures. En milieu de journée, vous déjeunez avec vos collègues, armé d'un sac plein de tous les outils à transporter d'un job à l'autre, qui pèse environ le quart de votre poids. Et vous rapportez chaque soir du travail supplémentaire à la maison, dans un ou plusieurs de vos différents emplois... Si en plus, l'emploi du temps change tous les jours, imaginez !

Pour ce faire, votre enfant aura besoin d'un sac très solide. Certaines marques en proposent qui sont garantis pendant quelque temps ; tenez compte à l'achat de cette possibilité, car contrairement au portable ou à la montre, le cartable sera plus souvent maltraité que perdu.

Dès la rentrée, l'emploi du temps de votre enfant sera placardé dans la plupart des coins de la maison : dans son cartable, dans son cahier de texte, au-dessus de son bureau, et sûrement sur le panneau d'information familiale et dans votre agenda. N'hésitez pas à fixer un code de couleur : ce code pourra servir à repérer rapidement les affaires à emmener à l'école. Par exemple, vous choisirez le rouge pour les maths (le rouge colorie la case de l'emploi du temps des maths, mais c'est aussi la couleur de l'étiquette ou de la gommette collée sur le livre de maths et celle du protège-cahier de maths). Ne fixez pas ces codes avant de connaître ceux du professeur de maths, qui préfère peut-être le jaune... ce qui serait bien embêtant.

Paroles de parents

> « À mon arrivée au collège, j'ai eu le droit à une grande étagère. Sur chaque tablette, à l'étiqueteuse, une matière scolaire était notée. Et sur chaque tablette spécifique, je pouvais ranger le livre, le cahier, l'accessoire correspondant à la matière. L'emploi du temps était affiché à 10 cm de l'étagère. Très pratique pour savoir quoi prendre le matin avant de partir (oui, je n'ai jamais réussi à faire mon sac le soir) à un âge où nos affaires ne restent pas toutes à l'école et où il faut regarder son emploi du temps pour savoir quoi prendre. »
>
> Johannie, 34 ans, animatrice multimédia, deux enfants.

Par souci de limiter l'encombrement des cartables par de multiples et pesants cahiers, il arrive de plus en plus souvent que les enfants soient munis de classeurs dès la première année du collège. Les classeurs sont très souvent une horreur pour les enfants désordonnés ! Dès le début de l'année, imposez chaque soir une vérification du classeur pour retrouver la feuille volante prête à disparaître au premier coup de vent. Pensez à fournir à votre enfant une petite perforatrice ou quelques pochettes transparentes perforées.

Ne lésinez pas sur la qualité du matériel. Choisissez-le bien et prenez le temps qu'il faut. Faites des réserves de celui qui a fait ses preuves.

Mieux vaut choisir un classeur solide qui durera cinq ans qu'une camelote qui tiendra six mois. Et un système de classement pratique dont votre enfant se servira plutôt que le dernier serre-livre Mégawoman.

Encouragez votre enfant à trier son cartable tous les samedis (par exemple) pour en retirer les documents volants (et les classer s'il y a lieu), les vieux emballages et les objets qui ne marchent plus. Dites-lui de faire une liste de ce dont il a besoin aussitôt qu'il y pense, de manière à ce que vous puissiez organiser l'approvisionnement de cartouches d'encre aussi vite que possible. Dans le cartable, fixez ensemble (et plus tard, laissez-le faire) un emplacement pour son porte-monnaie et/ou les clefs, un autre pour les papiers à rendre (ceux que vous avez signés), et un autre pour les effets personnels (qui pourraient avoir leur propre trousse).

Le poids des cartables est un sujet récurrent dans les réunions parents-profs. Avant de vous plaindre, assurez-vous que l'enfant a bien compris ce qu'il devait apporter impérativement à chaque cours. Et rien ne vous empêche, le jour de la réunion, de chercher des solutions efficaces. Dans certains établissements, les élèves partagent un livre à deux pendant les cours ou disposent d'un casier.

Au lycée

Au lycée, puis pendant les études supérieures, la plupart des professeurs laisseront vos rejetons choisir leur méthode idéale pour prendre des notes et les ranger judicieusement. Si votre enfant a trouvé la méthode de ses rêves, s'il est un inconditionnel du cahier ou un fan de classeur, encouragez-le à interroger ses professeurs pour s'assurer qu'il est vraiment obligé d'acheter ce fichu porte-vues à 200 vues ou cette chemise à rabats élastiques...

Devoirs et leçons : leçons de choses et trucs à faire

L'agenda : le complice numéro 1 de l'organisation du travail

Puisque nous en avons déjà parlé dans le premier chapitre, nous ne nous étendrons pas sur l'usage de l'agenda. Cependant, il est judicieux de le choisir avec soin. Il faudra un espace suffisant pour noter tous les devoirs sans cligner des yeux pour voir entre les lignes, mais il ne devra pas être trop imposant, au risque que la flemme empêche votre fiston de le tirer de son sac pour noter ses devoirs « quand ça sonne ».

N'hésitez pas à personnaliser... Votre enfant a une grosse écriture ? À lui la page quotidienne ! Il n'est pas tellement soigneux ? Imposez la couverture renforcée ! Il veut un agenda Ptibœuf ou rien ? Décidez ensemble qu'en cas de perte, vol ou décrépitude avancée, c'est avec son argent de poche que l'agenda sera remplacé.

L'agenda scolaire doit être consulté tous les jours d'école et toutes les veilles d'école, c'est-à-dire, à peu de choses près, tous les jours de l'année scolaire. Pour peu qu'il serve à noter des informations extrascolaires, il faudra le regarder tous les jours, voire deux fois par jour pour les étourdis...

Le cahier de devoirs et le cahier de textes sont des outils importants dès le début de la scolarité. Si vous constatez que votre enfant n'arrive pas à noter tous les devoirs ou qu'il les note de manière illisible, il sera nécessaire d'en parler avec l'instituteur ou avec le professeur concerné.

Cependant, même si vous allez regarder attentivement le cahier de textes pendant les premières semaines d'usage, vous y jetterez un œil de temps en temps par la suite, selon l'état du bulletin scolaire, mais pas tous les jours. C'est l'autonomie de votre enfant qui est en jeu.

Insistez pour que votre enfant échange ses coordonnées avec deux ou trois camarades de classe. Cela lui permettra, en cas d'absence, de rattraper rapidement les cours et les devoirs. À lui ensuite de consulter le cahier de textes de la classe ou de demander au professeur ce qu'il doit faire pour se rattraper.

Les devoirs

Dès le début de la scolarité de votre enfant, et même si vous râlez parce que l'instituteur de primaire ne respecte pas l'arrêté anti-devoirs de 1956, faites des devoirs une tâche prioritaire chaque jour. Pour ce faire, voici quelques méthodes qui faciliteront cette tâche contraignante.

Les méthodes à adopter

- Trouvez un endroit où votre enfant fera ses devoirs tous les jours, si possible à peu près à la même heure.
- Réunissez à cet endroit (soit en permanence, soit en y apportant une caisse ou un petit chariot) tout le nécessaire pour les devoirs, y compris le dictionnaire.
- Essayez de déterminer l'heure où votre enfant a le plus d'énergie. Très souvent, les enfants apprécient de se défouler et de goûter pendant une petite heure, puis de se mettre rapidement au travail. Cet espace de liberté se rétrécit bien sûr, malheureusement, au fur et à mesure qu'il monte en grade...
- Dès que c'est l'heure, éloignez toute source de distraction et les petits frères, éteignez les télés, les téléphones, les jeux vidéo, et laissez l'enfant travailler.
- Apprenez-lui malgré tout à faire des pauses régulières qui lui permettent de changer de position et de se décontracter. Un chronomètre l'aidera à se rappeler que sa rédaction n'est pas terminée, mais que la pause, si.

Les devoirs, institués ainsi dès le début de la scolarité, deviendront vite un rituel. Et comme les rituels sont propices à l'organisation, profitez de ce moment pour consulter le petit mot de la maîtresse ou la permission de sortie de fin d'année. À partir du collège, apprenez-lui à relire ses leçons le soir même, avec le souci de corriger les oublis et de souligner les choses importantes. Et choisissez une fois pour toutes la stratégie qui consiste à décréter que les devoirs sont terminés si et seulement si toutes les affaires d'école sont rangées à leur place.

Comment contrôler ses cahiers et classeurs chaque semaine ?

- **Vérifier que toutes les notes sont datées et titrées.**
- **Vérifier que les titres sont soulignés.**
- **Vérifier que toutes les pages sont dans le classeur (non volantes).**
- **Vérifier que toutes les pages sont bien classées.**
- **Toutes les pages déchirées sont réparées.**
- **Toutes les pages mal écrites sont réécrites.**
- **Tous les devoirs sont terminés.**

Très vite, vous comprendrez que votre enfant a ses propres méthodes pour apprendre. L'un répétera dix fois son poème en faisant le tour de sa chambre ; l'autre dessinera en cinq minutes une bande dessinée du Renard et la Cigogne. Peu importe la manière, pourvu que l'on ait... le résultat ! S'il s'escrime à lire et relire tout bas sans succès, proposez-lui d'autres solutions plus imaginatives qui l'aideront à apprendre et vous permettront d'avoir la paix.

Dès que votre enfant se verra demander des devoirs pour le surlendemain, vous aurez la tâche difficile de lui enseigner la joie des « petites étapes » et les conséquences de la procrastination. En effet, c'est bien cruel de devoir décevoir son enfant si joyeux qui, de retour de son premier cours de français de sixième, annonce « qu'il peut bien aller jouer à la Playbox, puisqu'il n'a qu'une rédaction à faire pour la semaine prochaine ». Qui va encore se retrouver dimanche, juste avant le résultat des élections (ou du match), à devoir aider un gamin de onze ans et demi à trouver l'inspiration pour une rédaction sur ses dernières vacances ou son avenir professionnel ?

Alors soyez féroce ! Apprenez-lui aujourd'hui que les tâches complexes (qui nécessitent plusieurs tâches différentes) se font plus facilement si on les décompose et les accomplit en plusieurs fois : Montrez-lui que sa rédaction, donnée le mardi, se fera en cinq fois :

➢ Mardi, pendant que c'est frais, bien relire le sujet, faire la liste des tâches nécessaires (cinq minutes), accessoirement noter de poser une ou deux questions lorsqu'on verra son prof jeudi.

- Mercredi, puisqu'on a du temps dans le bus pour aller au foot, réfléchir à quelques idées à mettre dans la rédaction et les noter le soir sur un cahier de brouillon (dix minutes).
- Jeudi ou vendredi, rédiger le tout au brouillon (trente minutes).
- Profitez du week-end pour faire relire à Papa ou Maman, pendant qu'ils sont détendus (cinq minutes).
- Recopier puis relire pendant le week-end ou le lundi soir (dix minutes).

Voilà un bon travail bouclé en une petite heure, sans larmes ni douleurs.

Le principe du partage en petites étapes s'applique à un devoir écrit mais aussi à la lecture d'un livre, aux révisions d'un contrôle, et, bien sûr, à la préparation d'un exposé. C'est d'autant plus important si l'on travaille à plusieurs. À chaque fois, on fixe une tâche avec une date ou un délai limite, et on prévoit une marge.

PAROLES DE PARENTS

> « À la rentrée, je me plonge dans le programme de l'année scolaire de mes enfants (distribué par l'école ou trouvé simplement dans les livres de classe). Comme ça, si je tombe sur un article dans un journal pour enfants ou pour adultes, ou sur un bouquin pas cher dans un vide-greniers qui concerne l'un des sujets abordés, j'achète ces ressources économiques pratiques pour illustrer un dossier ou un exposé, ou simplement pour compléter la documentation de la maison à bon escient. Ou bien j'embarque tout le monde dans le super château fort ou au barrage situé juste à côté de notre lieu de vacances ! »

Pascal, 42 ans, chef de projet, trois enfants.

L'autre problème des tâches complexes est qu'elles impliquent une gestion matérielle plus compliquée. En effet, si l'on rédige en une heure une rédaction et qu'on la recopie « vite fait », nul besoin de retrouver, et donc de ranger le brouillon entre le début et la fin du travail. Apprenez donc dès maintenant à votre enfant à choisir une boîte ou une chemise pour regrouper le fruit de son travail progressif et le retrouver facilement.

Une question de priorité

Concernant les devoirs quotidiens, une question se pose souvent à notre « apprenant » : par quoi commencer ? Bien sûr que le bon en maths est tenté d'attaquer par l' « exo » sur les fractions, et le fou de livres de se plonger tout de suite dans *L'Appel de la Forêt*[7]. Pourtant, votre enfant devrait systématiquement commencer par, cela va sans dire, le travail le plus urgent : l'exercice à rendre demain à 8 h 30. Ensuite, à délai égal, il commencera par le travail qui lui « rapportera » le plus : soit cet exercice de maths, pour être sûr de ne pas se tromper au prochain contrôle de maths sur lequel il compte pour remonter sa pauvre moyenne ; soit ce devoir de français qui, pris bien à l'avance et rédigé avec soin mais sans virtuosité, pourrait bien lui rapporter facilement un 16 ou un 17. À choisir entre deux devoirs de même importance, osez lui dire de garder le meilleur pour le dessert et de se débarrasser au plus vite du travail le plus ennuyeux ou difficile.

Au collège, et plus encore au lycée, les emplois du temps sont souvent agrémentés d'heures de permanence qui peuvent aussi être utilisées pour les devoirs. Encore une bonne raison pour consulter son agenda au moment de préparer son sac du lendemain. Après tout, cet exercice de physique, Super Copine pourrait bien lui expliquer pendant que la prof de maths n'est pas là...

PAROLE D'ENFANTS

Ce que j'ai retenu de mon cours de méthodologie :

- Se mettre dans la peau du prof quand on révise.
- Ranger son bureau avant de travailler (si ça n'a pas déjà été fait).
- Chaque fois que l'on a fait un devoir, le cocher.
- Relire toutes les leçons de la journée.
- Faire ce que l'on aime le moins en premier.
- Faire des pauses d'une demi-heure maximum (pour aérer le cerveau).
- Toujours en faire un peu tous les soirs, même si on n'a pas de devoirs pour le lendemain.

Anne-Laure, 17 ans.

7. Jack London, *L'Appel de la forêt*, Poche, 1986.

Dans tous les cas, si vous constatez à un moment que votre enfant passe plus de temps sur ses devoirs qu'avec ses copains ou qu'il est épuisé de travail, n'hésitez pas à contacter l'enseignant. Une des questions qui semblent importantes de poser en début d'année lors des réunions de parents est : « En moyenne, pouvez-vous nous donner une fourchette du temps que mon enfant doit consacrer à ses devoirs par jour ou par semaine ? » Si votre enfant dépasse la fourchette pendant plus d'une semaine, c'est qu'il y a un problème quelque part : soit il est particulièrement lent, soit il est perfectionniste et consacre trop de soins à certains travaux (ne lui dites pas trop fort quand même !).

Objectifs et examens

À l'entrée au lycée, il serait de bon ton d'aider votre enfant à se fixer des objectifs pour l'année. Nous savons combien cela peut parfois être difficile. En effet, nombreux sont les adolescents qui, à la terrible question de l'avenir, vous répondent par « Ben, euh... plus tard... euh, samedi, je vais au ciné avec Mélanie pour voir le dernier Spielberg. » Pourtant, le fait de fixer un objectif peut les motiver dans leurs études, et cela fait partie d'une des compétences principales pour s'organiser.

Aider ses enfants à se fixer des objectifs

Un petit conseil : si vous voulez initier votre enfant aux objectifs, faites-le. Mais s'il n'est pas un fou de l'école, ne commencez pas par un objectif scolaire. Demandez-lui par exemple s'il a un rêve qu'il souhaiterait réaliser, et aidez-le à créer un plan pour y parvenir. Il veut devenir champion de basket ? Qu'à cela ne tienne, à lui de chercher comment y parvenir et d'agir en faisant des économies pour s'acheter un panier à fixer dans le jardin, afin de s'entraîner tous les soirs pendant au moins dix minutes.

De même, arrivée au lycée, votre future ingénieure peut décider de passer en classe scientifique et de s'appliquer particulièrement dans les matières qui l'aideront à y parvenir. Et l'année du bac, elle doit programmer ses révisions pour ne pas bachoter comme une malheureuse en mai... Et si par hasard son projet professionnel est plus précis, un peu d'informations lui permettra de définir quelles matières sont importantes pour la suite de ses études. À elle donc, avec votre aide, de dégoter les programmes (de l'année, de l'examen ou des futures études) pour organiser tout cela en connaissance de cause. Ainsi, de son but principal, elle pourra faire découler des objectifs secondaires, comme par exemple obtenir la moyenne dans toutes les matières, avoir 14 de moyenne en physique ou devenir assez forte en orthographe pour ne pas être pénalisée au bac.

Comme toujours, on cherche un objectif réaliste, précis, chiffré et daté. Ainsi, au premier bulletin, on verra que toutes les moyennes sont au-dessus de 10, et c'est ainsi que l'on saura que l'objectif est atteint.

Décomposer les objectifs

On divisera chaque objectif en sous-objectifs.

Donc, pour avoir la moyenne dans toutes les matières, je veux la moyenne en français, en maths, en anglais, en physique, en sciences et vie de la terre (SVT), en gym, en dessin, etc. Pour les matières dans lesquelles j'ai déjà la moyenne, je conserve le même rythme de travail qu'avant, et pour celles où c'est difficile, je dois programmer des efforts particuliers : faire tant d'exercices de maths en plus, réviser le programme grâce à un cahier parascolaire, etc.

Chaque objectif sera fractionné pour se répartir en objectif trimestriel, puis mensuel, puis... hebdomadaire.

Ainsi, pour obtenir ma moyenne de maths, j'ai besoin, par exemple, de faire quinze exercices supplémentaires par chapitre. Le livre annonce neuf chapitres, ce qui en fait environ un par mois de l'année scolaire. Cela donne donc quinze exercices en plus par mois. Chaque mois ayant environ une vingtaine de jours d'école (sans compter les vacances), il paraît logique de faire un exercice supplémentaire par jour, ou quatre par semaine (le mercredi par exemple).

Voilà comment on passe d'un objectif important à une action du quotidien ! Bien sûr, le processus paraît un peu laborieux, mais il est efficace, et, pour une fois, votre enfant ne vous dira pas qu'il travaille pour des prunes ! Attention cependant : ne faites pas ce plan tout seul dans votre coin. L'intérêt est que votre enfant y participe (au moins) ou le fasse lui-même, et surtout qu'il se l'approprie pour l'appliquer au quotidien.

Des adultes pour les aider

Dans le domaine de la vie scolaire, le plus difficile sera de faire comprendre à votre enfant, surtout lorsqu'il atteindra l'adolescence, que ses professeurs ne lui veulent pas de mal ! Sachez-le, dès lors qu'il aura repéré que vous trouvez idiot de faire recopier dix fois « Je ne doi pas parlé pendant que la métresse parle en classe » (« Ben quoi, Maman, elle m'a pas donné de modèle la maîtresse… »), il s'accrochera volontiers à l'idée que les enseignants sont juste là pour occuper ses journées et que votre parole a plus de poids que la leur. L'idéal est donc de faire de la maîtresse, puis des professeurs, des complices d'éducation. Alors bien sûr, d'autres vous l'ont déjà dit, vous devrez les rencontrer, les questionner, participer autant que possible à la vie de classe (c'est fou ce que l'on apprend de son enfant en entrant un jour normal dans sa classe) et, évidemment, aux sacro-saintes réunions. Mais faites-le avec conviction, même si vous n'êtes pas tout à fait sur la même longueur d'ondes que Madame Lignafaire.

Quand votre ado sera suffisamment mûr, apprenez-lui à traiter ses enseignants comme ceux qui l'aideront, avec leurs qualités et leurs compétences, à réaliser ses projets d'avenir et à s'adapter aux contraintes de la vie professionnelle. Avec un objectif en tête, en se fixant des priorités et en dosant ses efforts, on fait souvent mieux, et avec une vie bien plus agréable, que la bachoteuse du premier rang qui a appris le bouquin par cœur.

À 18 ans, il devrait être capable de…

- Tenir son cahier de textes à jour.
- Classer ses cours correctement et les retrouver facilement pour ses révisions.
- Organiser lui-même ses révisions pour un examen ou une épreuve.
- Se fixer un objectif et le fractionner en petites étapes.
- Faire ses devoirs et travailler ses cours spontanément.
- Préparer ses affaires pour le lendemain sans rien oublier.
- Rendre ses devoirs dans les temps.
- Faire ses courses de rentrée (s'il poursuit ses études).
- Prendre soin de son matériel.

Fiches pratiques

Le casse-tête de la rentrée des classes

Avec un budget rentrée moyen de 45 euros en maternelle à plus de 700 euros pour les classes technologiques au lycée, il n'est pas question de rigoler avec les achats de fournitures scolaires. Il va falloir la jouer fine pour arriver à dépenser (un peu) moins que la moyenne et à responsabiliser sa marmaille, sans pour autant qu'ils fassent figure de pauvres traumatisés devant les copains.

Détaillons donc ensemble la méthode « S'organiser, c'est facile » pour une rentrée zen :

- Trouvez la fichue liste. La plupart des écoles vous la remettent maintenant dès la fin de l'année scolaire précédente, sauf dans les plus grandes classes et les établissements supérieurs. Cependant, pour les plus grands, ces listes sont aussi moins impératives. Demandez à Fille Aînée la liste de ses besoins, et laissez-la aussi faire celle de ses envies, on ne sait jamais ce que vous avez dans un carton à la cave...
- Dès le début des vacances, faites un grand rangement des cartables, chambres et bureaux, et explorer les « tiroirs à tout » de la maison pour y retrouver toute trace d'une fourniture scolaire. Oui, même le petit crayon Ikérama est une fourniture scolaire. Essayez tout : la gomme, les crayons (taillez-les pour voir s'ils perdent interminablement leur mine), les feutres, les compas (bah, où est la pointe ?), tout... Faites la liste de tout ce qui fonctionne. Jetez le reste.
- Rapprochez les listes de fournitures et la liste de ce que vous avez. Partagez les fournitures disponibles (sans donner tous les vieux machins au même...) et faites une dernière liste de ce qui manque.
- Ensuite, attaquez la phase « négociation ». Selon l'âge et le caractère de chacun, les possibilités sont multiples. Dans certaines familles, on achète les fournitures en gros pendant les promotions de la rentrée (le sac de cinquante Stylos Bille bleus-rouges-verts-noirs), et chacun a un petit budget pour s'acheter « le truc » qui fera sa fierté devant les copains. Dans d'autres, surtout chez les plus grands, on donne un budget total, parfois assorti d'un petit budget mensuel (pour le renouvellement), et à eux de se débrouiller.

- Les premiers achats de livres scolaires (souvent au lycée) permettent d'initier les adolescents au commerce de l'occasion. Acheter neuf est plus cher, mais on revendra mieux son livre en fin d'année, surtout si l'on en prend bien soin. Acheter d'occasion est moins cher, à condition de se renseigner sur les prix en cours et de négocier un peu... Pensez à vérifier, malgré tout, les années d'édition. Et pourquoi ne pas leur laisser garder le fruit de la vente des livres pour les responsabiliser un peu ?

Le rangement des cours

- Pour faciliter le classement, une page de notes doit porter mention de la matière concernée et de la date du jour.
- Pour les révisions, il est utile que tous les documents qui traitent du même sujet se trouvent ensemble (même si le contrôle qui a porté sur le théorème de Pythagore a été rendu au moment du cours sur l'axiome d'Euclide, Pythagore retourne avec Pythagore et le contrôle itou...).
- On reprend ses cours tous les soirs, non seulement pour les mémoriser plus facilement, mais surtout pour vérifier que le prof brouillon a bien respecté le plan annoncé (« C'est quoi ce grand B après le petit 1 là ? »), ou que nos pages sont rangées dans le bon ordre (on en profite pour les numéroter).
- Si votre enfant utilise le système du classeur ou classe simplement des feuilles volantes dans des dossiers, la logique voudra qu'il n'apporte pas tous ses cours depuis le début de l'année à chaque fois. Il aura l'intelligence de ranger le cours « en cours » et le précédent dans une « trieuse » qu'il glissera dans son sac.

Je remets à jour mon agenda...

- Chaque début d'année scolaire, je note les anniversaires, les vacances, les jours fériés, les examens importants, les dates de mes activités extrascolaires.

- Chaque mois, je regarde si j'ai un devoir important à rendre (le diviser en petites étapes et fixer des dates limites pour les semaines à venir), j'organise les révisions nécessaires pour un devoir en classe.
- Chaque semaine, je vérifie que mon temps s'organise correctement et que les rendez-vous ne se chevauchent pas, que mes parents sont disponibles pour m'accompagner ici ou là.
- Chaque soir au moment de faire les devoirs, je regarde ce que j'ai à préparer pour demain et ce que je peux faire d'avance pour gagner du temps demain.

Gérer son stress avant un examen

Dès le brevet, vous pouvez enseigner à votre enfant comment gérer ses révisions et son stress.

S'organiser en ce qui concerne ses connaissances :

- Anticiper : pour un examen en fin d'année, il faut réviser le premier trimestre dès le deuxième, le deuxième dès le début du troisième et intégrer les révisions de l'année complète dans le planning déjà chargé du troisième trimestre. Aidez votre enfant à en prendre conscience et à forcer, dès les vacances de printemps, sur les matières à fort coefficient ou dans lesquelles il est le plus faible.
- Pas d'impasse : il est dangereux de sauter délibérément des chapitres entiers lors des révisions, en se fondant sur « ce qui est déjà tombé l'année dernière », sur ce que disent les redoublants, sur sa flemme ou son manque d'envie. Et ce, d'autant plus que des liens se révèlent entre les chapitres, et parfois les matières, au fur et à mesure des révisions, ce qui augmente la capacité de mémorisation.
- Pratiquer : les annales sont idéales pour se familiariser avec les énoncés tortueux et la durée réelle des épreuves. En user et en abuser.
- À plusieurs : réviser ensemble et faire contrôler ses connaissances, c'est plus stimulant que tout seul à son bureau, sauf pour les personnalités qu'un rien distrait...

Ensuite, penser « rituel » :

- Dormir : même en période de révision (surtout en période de révision !), on garde une quantité de sommeil raisonnable, celle qui nous convient. Avec un corps reposé, on peut presque tout affronter. À bout de nerfs et surmené, la moindre contrariété nous handicape complètement. Il faut aussi se réveiller à heures régulières le matin, pour ne pas se décaler et ne pas risquer d'arriver en retard à l'examen le jour J.
- Bouger : il ne faut surtout pas arrêter de faire du sport en période d'examen. On a besoin de se défouler, de se fatiguer physiquement pour être détendu.
- Vérifier : vérifier la veille que l'on a tout son matériel en bon état de marche, son stylo préféré, même son porte-bonheur, s'il le faut.

Enfin, le « mental » :

- Visualiser : on peut se faire un « film » sur l'examen à venir, dans lequel on se voit réussir, être félicité, avoir une mention, intégrer la grande école de son choix, se faire embaucher...
- Se souvenir : repenser à toutes nos réussites scolaires (même minimes) pour se souvenir de l'état d'esprit dans lequel on était et s'envoyer « des ondes positives » est toujours encourageant.
- Maintenir les liens : les gens qui nous aiment et qui sont gais nous remontent le moral. Alors, on oublie momentanément Copine Déprimée et Copain Défaitiste et on fréquente plus ses parents, ses amis d'enfance, ses copains de révision...

Chapitre 6

Occuper intelligemment son temps libre

« Je trouve la télévision très instructive : chaque fois que quelqu'un l'allume, je vais dans la pièce à côté lire un livre. »

Groucho Marx

Vous ne pouvez plus supporter le générique de Choupinou et de Super-Blaireau ? Vous vous inquiétez de voir vos ados chatter sur Internet ? Vous êtes fatigué(e) de faire le taxi entre le dojo, le terrain de golf et le conservatoire municipal ? Mais est-ce que c'est mieux quand vous sortez en famille ? Musées, parcs d'attractions, cinémas, sinécures ? Sans parler des fêtes à la maison (et de la course au bazar), des invitations à dîner, des vacances entre copains... Les loisirs, c'est un concept moderne, qui demande un chapitre entier pour vous donner à nouveau envie de sortir de chez vous de temps en temps.

Les écrans : plateaux-télé et cyber-dangers

Les écrans, qu'ils soient de télévision, d'ordinateur ou de jeux vidéo, exercent une attraction puissante sur nous. Et sur nos enfants, dès tout petits. Des dessins animés du matin, pendant lesquels nos chéris ingurgitent leur petit-déjeuner, aux soirées interminables que nos ados passent à chatter sur Internet, en passant par les trois heures et demi quotidiennes de télévision que nous gobons en moyenne (paraît-il), difficile d'échapper aux sirènes des écrans. Cela dit, aucune étude sérieuse n'a démontré à ce jour que le temps passé devant un écran influençait négativement le bonheur de vivre ou les résultats scolaires.

Alors, certes, lorsque nous sommes en tête-à-tête avec un bloc de plastique muni d'une lucarne, nous ne passons pas de temps avec nos proches, même à faire des choses banales. Et sans doute, ce sont ces moments que nous regretterons plus tard, lorsque, par exemple, Fille Aînée refusera de jouer aux cartes en famille sous prétexte que malouloutte@jetchatche.com est devenue depuis quelques semaines le centre de son univers. Mais que celui qui n'a jamais souri d'aise en regardant Pépette, sage comme une image dans la salle d'attente du docteur grâce à sa console de jeu portable, nous jette la première pierre.

Donc, foin de culpabilité inutile, mais veillons tout de même au grain pour que nos enfants utilisent leur incroyable énergie à autre chose que « dégommer les monstres virtuels » à grand coup de touches de clavier. Et puis, ce serait dommage que, involontairement, par notre comportement, nous leur apprenions que loisirs = écran seulement. Le chronomètre, devenu votre allié depuis le premier chapitre de ce guide, fait son come-back : « Petit Dernier, tu mets sur vingt minutes, s'il te plaît, et après, tu fais tes devoirs. »

Pour limiter le temps de télévision, vous pouvez adopter la règle suivante : « Je n'allume le téléviseur que si je sais ce que je vais regarder. » Vous éviterez ainsi les heures d'errances télécommandées sur les chaînes du câble !

Apprendre à mettre en veille

Méfiez-vous de la fonction veille de vos appareils : elle consomme jusqu'à 77 % de l'énergie nominale. Apprenez à vos enfants à éteindre ordinateurs et imprimantes, même pour une demi-heure. Contrairement à une idée fausse fréquemment répandue, ceci ne réduit pas leur durée de vie mais économise poignées d'euros et centrales nucléaires.

Pour varier les plaisirs, dès l'âge de 3 ans, la méthode des quotas a fait ses preuves. Il s'agit de créer un savant cocktail d'activités physiques à l'extérieur, de temps partagé en famille, de temps passé avec les copains et de temps d'écran. Ce cocktail se concocte suivant les valeurs et les envies de chaque famille.

Voici, par exemple, quelques idées pour changer de rythme :

- De temps en temps, instituez une soirée jeu en famille au lieu du sempiternel film du soir.
- Essayez la semaine sans télévision : faites comme si elle était cassée et profitez de ces soirées soudainement libres.
- Remplacez le dîner/journal télévisé du soir par un dîner/jeu de questions-réponses ou un dîner-spectacle (Pépette adore se produire et petit Dernier « jouer au restaurant », voilà votre soirée toute trouvée).
- Remplacez le jeu d'arcade tout fait par un jeu de piste dans le quartier, la séance de console de jeu du dimanche matin par deux heures à la piscine municipale à faire les baleines.
- Vous pouvez aussi lire en famille (tout le monde adore écouter des histoires), classer ensemble les photos de vacances dans des albums, écrire une (vraie) lettre à Tatie Danièle, faire un puzzle à plusieurs... Tout ceci ne coûte rien, ou presque, et fournit de bons moments de complicité.

Selon leur âge, leurs centres d'intérêt, l'endroit où vous résidez et votre disponibilité, réfléchissez à ce qui vous semble applicable pour le bon équilibre de vos enfants.

Paroles de parents

« Depuis l'âge de 6 ans, mes enfants ont le droit de jouer une demi-heure par jour sur leur console portable. Et une heure d'affilée le week-end. Nous ne regardons pas la télévision le matin. En revanche, ils regardent des vidéos quand je prépare le dîner. Nous sortons souvent le dimanche en forêt (avec pique-nique s'il fait beau), et les jeux d'extérieur avec les copains ont lieu le mercredi. »

Stéphanie, 38 ans, attachée commerciale, trois enfants.

Si vos enfants rentrent à la maison avant vous et si vous souhaitez que les devoirs soient faits avant qu'ils regardent la télévision, il vous appartient de leur en faire prendre l'habitude dès que possible. Il est facile d'imaginer que si, pendant les trois ans d'école maternelle, vous installez consciencieusement vos enfants devant la télé dès qu'ils rentrent, ils auront beaucoup de mal à changer cette habitude lorsque le moment de faire les devoirs à la maison arrivera. Et encore plus de mal à s'en décoller à l'âge du collège. Ici encore, jouez sur les rituels : « Pépette, tu sais bien qu'on ne regarde pas la télé l'après-midi quand il y a école le lendemain », susurrerez-vous à la prunelle de vos yeux, ou n'importe quelle règle du genre, selon ce que vous aurez décidé.

Paroles de parents

« Pour éviter trop de télé le matin et le soir en rentrant de l'école (surtout quand il fait beau), on a mis une minuterie sur l'ensemble TV/jeux vidéo. Elle ne se déclenche qu'à 18 h les jours d'école et à 12 h les autres jours. Ça a râlé un peu au début, mais maintenant ça va. »

Frédérique, 39 ans, mère au foyer,
trois garçons de 9, 10 et 12 ans.

Vers 11-12 ans, dès que vos enfants commencent à chatter sur Internet, mettez-les en garde : derrière Mélanie0298, qui prétend être âgée de 14 ans, se cache peut-être un individu louche, potentiellement dangereux. Rappelez-leur de ne communiquer qu'avec des personnes qu'ils connaissent physiquement et de ne jamais donner rendez-vous à qui que ce soit sans vous en avertir au préalable. Informez-les des dangers et rappelez-leur de ne donner aucun détail de leur vie privée (habitudes, adresse, photos, numéro de téléphone...) sur le Net. Et n'oubliez pas de leur dire que, non, il ne leur arrivera rien s'ils ne transmettent pas immédiatement le contenu de ce mail à dix personnes de leur connaissance.

Protéger les enfants des risques du Net (Pointdecontact.net)

- **Installez l'ordinateur dans une pièce commune ou dans un lieu de passage. Restez à proximité pour toute question et jetez un œil de temps à autre.**
- **Fixez des règles : on ne donne pas ses coordonnées en ligne, pas de rendez-vous sans prévenir les parents, pas d'achats en ligne, on supprime les messages d'expéditeurs inconnus.**
- **Incitez l'enfant à parler de ce qu'il voit en ligne, y compris ce qui peut le gêner, le mettre mal à l'aise.**
- **Utilisez un logiciel permettant de supprimer la possibilité de partager des données personnelles en ligne.**
- **Installez un logiciel de contrôle parental, en sachant qu'aucun n'est parfait.**

Activités : journée Mickey et cours de djembé

Avis à tous les parents : n'en faites pas trop !

Dès l'âge de 4 ans, votre enfant est capable de s'adonner à une activité physique et culturelle en dehors de l'école. Pour autant, ne lui fabriquez pas un emploi du temps de ministre et limitez-vous à deux activités différentes par semaine. On a déjà entendu des enfants se plaindre qu'entre l'école, les devoirs, l'anglais, le basket et le piano, ils n'avaient plus le temps de jouer...

Pour mémoire, l'équilibre de vos enfants n'est pas censé s'établir au détriment du vôtre. Alors, lorsque vous soupirez pour emmener Fils du Milieu au basket, que vous criez sur Pépette pour qu'elle se dépêche de se préparer pour son cours de gymnastique et que vous finissez la journée épuisé, c'est peut-être que cette année, vous avez été trop ambitieux. Revoyez le planning de la famille à la baisse et relaxez-vous un peu.

Comment choisir ?

Évidemment, vous tiendrez compte principalement de ses goûts, mais comme il aura toujours du mal à choisir lui-même et que plusieurs « clubs » proposeront peut-être l'activité de ses rêves, tenez aussi compte des critères suivants :

1. Pensez au budget relatif à l'équipement et aux événements. Certaines activités coûtent cher et sont suffisamment rares pour qu'il soit parfois difficile de revendre le matériel si votre enfant abandonne (hockey sur glace, golf, escalade, harpe...).
2. Les temps de transport ne sont-ils pas disproportionnés par rapport au temps effectif d'activité ? Nous connaissons de nombreuses familles dont le mercredi ressemble à une course contre la montre qui se déroulerait principalement dans la voiture familiale. Est-il vraiment indispensable de faire quarante minutes de trajet pour une heure d'activité ?
3. L'aîné et le cadet ont-ils les mêmes envies et leurs cours s'enchaînent-ils ? Là, ce sont les déplacements que vous optimisez. Emmenez-les ensemble, voyez avec le professeur si l'aîné peut jouer ou lire seul, dans un coin, pendant le cours du cadet puis l'inverse, et revenez chercher les deux enfants à la fin du dernier cours. Si ce n'est pas possible, employez ce temps à faire quelque chose de plaisant ou d'utile avec chacun de vos enfants, sans nécessairement revenir à la maison : choix de livres à la médiathèque, courses, jeux au square, lecture ensemble (oui, même dans un vestiaire, pendant le cours de judo du grand frère, pourquoi pas ?).
4. Dès l'âge de 10 ans, peuvent-ils se rendre seuls (à vélo, à pied, en bus) à leurs activités ? Dans ce cas, faites-leur repérer l'itinéraire et répétez avec eux les consignes de sécurité (par exemple : que dois-tu faire si tu as raté ton bus ? Si un inconnu t'aborde ? Lorsque la nuit tombe en hiver ?). Effectuez les premiers trajets avec eux puis donnez-leur l'occasion d'être autonomes dès que vous les sentez prêts.

Simplifiez-vous la vie !

Maman, où j'ai mis les Tintin ?

Si vous et vos enfants êtes abonnés à la médiathèque municipale (c'est souvent possible dès 18 mois), c'est régulièrement le même scénario : « Fils du Milieu, retrouve le CD des Lilipilows immédiatement, il ne reste plus que la boîte ! » Pour que tout le monde se souvienne de ce qu'il a pris et rapporte ses prêts en temps et en heure, voici trois astuces : 1) La liste : chacun note, dès le retour de la médiathèque, ce qu'il a emprunté et la date de retour ; 2) Désigner un endroit dans chaque chambre et au salon, dédié au dépôt des livres et disques de prêt ; 3) Noter la date de retour sur votre agenda.

Chaque emprunteur en âge d'écrire et propriétaire d'un agenda se constitue sa liste et note sa date de retour, bien entendu. Et si, malgré tout, cela ne marche pas et que vous êtes en retard, appelez la médiathèque pour le signaler et vous excuser. Et incitez vos enfants à faire de même.

5. L'activité choisie entraîne-t-elle du temps pris sur les week-ends (compétition, tournois, retraites...) pendant lequel il faudra occuper les autres enfants ou rester à la maison ? Êtes-vous prêt à sacrifier quelques week-ends de beau temps en restant à la maison, parce que vous ne pouvez pas partir (Fille Aînée a scoutisme ou Fils du Milieu tournoi d'échecs) ?

PAROLES DE PARENTS

« Lorsque j'étais petite, je passais une partie de mes dimanches matin dans une tribune parce que nous assistions aux matchs de football de mon frère. Inutile de préciser que je n'aime pas le foot. J'avais ma revanche une fois par an, lors du gala de danse classique du mois de juin, certainement interminable pour un petit garçon... et pas plus passionnant pour lui. »

Caroline, 32 ans, assistante de direction, mère de deux garçons.

6. Cette activité implique-t-elle une pratique quotidienne que les autres membres de la famille devront supporter ? Ainsi, le violon lorsqu'on débute... À l'inverse, n'encouragez pas votre enfant dans

une activité qui vous faisait rêver mais pour laquelle il n'a qu'une motivation limitée. Ça aussi, cela va sans dire, on le sait.

7. Les parents sont-ils mis à contribution pour les événements ? Costumes à coudre pour le gala de danse, encadrement des équipes lors des tournois départementaux ? Êtes-vous prêts à y participer ? Souvent, les activités auxquelles nous inscrivons nos enfants sont organisées par des associations. Prenez bien la mesure de la participation qui est attendue des parents avant l'inscription, pour ne pas vous retrouver entraînés à passer plus de temps que vous le souhaiteriez en accompagnement. Ou, au contraire, ne pas décevoir votre enfant et les organisateurs par votre manque d'implication.
8. Enfin, pour ceux des parents qui ont une passion, pourquoi ne pas la pratiquer avec votre enfant ?

Ouf ! Une fois tous ces paramètres pesés, montrez-lui comment noter les horaires de ses cours sur son cahier de texte ou son agenda et comment y reporter les jours et horaires des compétitions. Apprenez-lui à préparer son matériel la veille du cours ou quelques heures avant, pour être sûr de ne rien oublier. Et si, malheureusement, l'activité dont il avait envie s'avère trop compliquée, trop lourde à mettre en place, expliquez votre décision à votre enfant ; montrez-lui qu'un choix s'opère souvent à partir de plusieurs critères : il en aura besoin plus tard.

Simplifiez-vous la vie !

Renseignez-vous autour de vous lors des premiers cours de la rentrée : peut-être pouvez-vous vous organiser avec d'autres parents pour le co-voiturage aller et retour de vos enfants. Proposez aussi, le premier jour des cours, de vendre le matériel qui ne vous sert plus aux parents des enfants plus jeunes.

Et s'il veut (déjà) arrêter ?

Nous souhaitons tous que nos enfants fassent preuve d'un peu de ténacité et qu'ils ne se découragent pas au premier obstacle. Dans le même temps, il n'est pas question de les forcer à faire une activité qu'ils n'apprécient pas ; s'ils n'éprouvent pas de plaisir, à quoi bon ? Comment faire ?

Premièrement, il peut être judicieux d'assister discrètement (si possible) à l'un des cours. Observez le comportement de votre enfant, des autres et de son professeur. Demandez à rencontrer ce dernier pour compléter vos observations.

Puis fiez-vous à votre intuition de parent : ainsi, Petit Dernier se fatigue beaucoup au karaté et revient très grognon ; son envie d'arrêter n'est peut-être que le reflet de sa fatigue. Gros Balaise l'a embêté pendant tout le cours et votre enfant n'ose rien dire ? Attirez l'attention du professeur sur la situation pour qu'il mette de l'ordre, si Gros Balaise terrorise vraiment votre rejeton. Le professeur est un fou de compétition pour qui les résultats du club comptent avant tout et qui rudoie élèves et parents ? Petit Dernier a sans doute raison de vouloir arrêter : traité de feignant ou abandonné à son sort pour absence de résultats, il y a peu de chances qu'il ait jamais envie de progresser dans cette activité. Votre fils cueille des marguerites sur le terrain de foot au lieu de courir comme les autres derrière le ballon ? Êtes-vous bien sûr que ce sport convienne à votre poète, finalement ?

De 4 à 8 ans, n'insistez pas trop, tout le monde a le droit à l'erreur, et puis, après tout, il est aussi intéressant qu'amusant d'essayer de nouvelles activités.

Dès l'âge de 9 ans, s'il veut abandonner l'activité qu'il a choisie et qu'il pratique depuis plusieurs années, pourquoi ne pas faire avec lui un tableau pour/contre afin de lui montrer que vous envisagez sérieusement sa demande et comment l'on peut faire pour prendre une décision difficile. Profitez-en pour lui expliquer un élément qu'il n'a peut-être pas compris : le montant de l'inscription que vous avez payée en septembre ne peut plus être utilisé pour autre chose (dites-le lui, même si vous considérez que l'argent n'est pas vraiment un problème lorsqu'il s'agit de son bonheur). Mais ce montant correspond à X places de cinéma ou X DVD ou… selon ce qu'il est le mieux à même de comprendre.

Vers l'âge de 14 ans, les copains ayant plus d'influence, votre enfant peut changer de goûts d'une année à l'autre : laissez-le faire en le prévenant qu'« année commencée » = « année finie ». Il est maintenant en âge de comprendre ce que vous entendez par-là, et est capable de se cramponner si son sport ou son activité culturelle le nécessite. En revanche, à moins d'une résistance farouche et si son état de santé ne pose aucun problème, ne le laissez pas refuser de bouger, de faire du sport. Il en a besoin pour son équilibre.

Sorties en famille : esquimaux, musée des horreurs, « pestacles » et concert de Jim Timbersee

Où aller ?

Pour toute sortie en famille, au musée, dans les parcs d'attraction, au zoo, dans les monuments historiques ou au spectacle, la prudence s'impose tant que les enfants sont petits.

Le cinéma reste un grand moment. Méfiez-vous toutefois si Pépette, 3 ans, est émotive. Voir de près et en très gros le Méchant du dessin animé dans une salle obscure peut lui faire vraiment peur. Pensez aux salles de cinéma hors circuits de distribution « de masse » : on y passe moins de publicité (d'où une séance moins longue) et c'est moins cher.

PAROLES DE PARENTS

> « Une fois, ayant emmené mes trois filles voir un film, j'ai passé une heure dans le couloir du cinéma à rassurer l'une d'elles, terrorisée, pendant que ses sœurs visionnaient – seules – le film. »
>
> Laurence, 42 ans, conseillère en organisation, trois filles.

Entre 3 et 7 ans, ils auront faim, soif, envie de faire pipi ou de dormir, mal aux pieds ou trop chaud aux moments les moins opportuns. Soyez prévoyants : choisissez une expédition à dimension « humaine », voire « enfantine », et surtout, pas d'enfants fatigués ou mal fichus !

Vous vous faisiez une joie de les emmener dans un grand parc d'attractions, Souris-aux-grandzoreilles-Land par exemple ? Autant vous prévenir, ce genre de parc d'attractions est épuisant pour les petits : de la place de parking à l'entrée du parc, c'est déjà la moitié de l'effectif qui s'écroule ; l'autre moitié des enfants s'effondre pendant les queues interminables (1 h 15 parfois) de chaque attraction…

De même, la « classique » visite guidée au musée n'est pas (sauf rares exceptions) destinée aux petits : de commentaires à voix très haute (« pourquoi elle est toute nue, la dame ? ») en cavalcade dans les salles, vous n'obtiendrez que frustration (pour vous) et commentaires excédés de la part des autres visiteurs. Tablez plutôt, si vous y tenez, sur les visites « faites exprès » ou les ateliers organisés par le musée.

Dans un musée « traditionnel », raccourcissez la durée de la visite et inventez de mini-animations pour stimuler leur intérêt. Par exemple, lorsqu'ils ont 5 ans, entrant dans une salle exposant des tableaux, vous pouvez leur demander de trouver le plus vite possible le tableau qui contient un ange en haut à gauche. Et leur demander, pour la suite de la visite, de compter les anges (ou les barbus, ou les chiens, peu importe). Ce faisant, l'air de rien, ils emmagasinent images et styles et vous serez surpris de constater, plus tard, à quel point ils ont gardé non seulement en mémoire ce qu'ils ont observé, mais aussi de bons souvenirs du musée.

Dès l'âge de 7 ans, leur endurance augmente, ils ont envie de comprendre « comment ça marche », « comment c'était avant », etc. C'est le moment de choisir, en fonction de leurs centres d'intérêt (et des vôtres), les musées, expositions et animations qui pourraient les intéresser.

Piochez parmi les expositions « techniques » pour ceux qui apprécient (avions, bateaux, mécaniques, outillages…), les expositions d'art décoratif pour ceux qui aiment la couleur et l'ameublement, les écomusées en plein air, les journées portes ouvertes des centres de recherche ou des usines, ou encore des boulangeries, des centres de traitement des ordures ménagères, les reconstitutions historiques (oh, les combats de chevaliers avec cascadeurs !). Tout est bon pour leur montrer et leur expliquer le monde dans lequel ils vivent.

Simplifiez-vous la vie !

Spectacles de marionnettes, cirque, ferme, zoo et théâtre pour enfants sont des valeurs sûres. Vous n'êtes pas obligé de les emmener au spectacle-que-tout-le-monde-doit-avoir-vu. Si l'on tient compte des trois heures de voiture (embouteillages à prévoir), des réservations à faire trois mois à l'avance, du fast-food et du coût du parking, on vous entend déjà fermer vertement son clapet à Fils du Milieu, sur le trajet du retour, lorsqu'il aura le culot de bramer : « C'était nul, votre truc ! » Donc, écumez les manifestations organisées près de chez vous, par le comité des fêtes de Granges-la-Banlieue. Elles peuvent tout à fait convenir. Comme c'est nettement moins cher que les grands événements surmédiatisés, aucune culpabilité à avoir si, finalement, ça n'a pas plu...

Associez-les à l'organisation de la journée pour qu'elle soit réussie

Pensez à consulter les sites Internet des musées et monuments historiques pour connaître les jours et heures d'ouverture, et choisissez vos horaires avec soin pour éviter la cohue et être sûr de ne pas rater le vol des rapaces. Vous aurez même souvent le droit à une petite visite virtuelle... pour donner envie.

Pour tous les âges, prévoyez toujours une pause gourmande et de détente. Pour les petits, quel que soit le spectacle choisi, votre sac contiendra bien sûr en-cas et boissons. Pourquoi ne pas confier à chacun un petit sac à dos qui renfermera son ravitaillement et un mouchoir ? Ça fait « comme les grands » et cela soulagera votre dos.

Dès l'âge de 9 ans, associez-les au calcul des tarifs (les maths appliquées) et au déroulement de la journée en leur faisant lire les programmes. Montrez-leur les vertus de l'anticipation : peut-on prendre les billets à l'avance ? Pourquoi est-ce souvent une bonne idée (places disponibles, tarif moins élevés...) ? Que faudra-t-il emporter (carte de famille nombreuse, pièce d'identité, argent liquide) ? Peut-on économiser ou se cotiser en vue d'une sortie particulièrement convoitée ? Peut-on faire un budget (entrées, friandises sur place, souvenirs) ?

Voyez si vous pouvez leur montrer films et livres en rapport avec ce que vous allez voir. Par exemple, la visite du château de Versailles prend une toute autre dimension si l'on a vu, au préalable, un film sur Louis XIV, le Roi Soleil. Et visionner un documentaire sur la vie des lions avant d'aller dans un parc de félins permet de comprendre pourquoi « les lions, ils dorment toujours ».

Vers 12-13 ans, attendez-vous à ce que leur enthousiasme pour les activités en famille diminue. Davantage amateurs de sensations fortes et d'activités en groupe avec les copains, les parcs d'attractions et les fêtes foraines leur plaisent par-dessus tout. Les plus scientifiques ou les plus artistes de nos enfants, cependant, continuent d'apprécier ce qui est en rapport avec leurs goûts. Ne les en privez pas, et continuez à leur proposer des activités ensemble.

À partir de 14-15 ans, concerts, théâtre « traditionnel » et événements sportifs remporteront leur suffrage et peut-être les laisserez-vous y aller en bande. Deux places pour un match particulier ou le concert de leur idole du moment serait, par exemple, une bonne idée de cadeau. Laissez-les organiser cette sortie à leur convenance, dans les limites de leur sécurité et de votre disponibilité (en cas de besoin d'un chaperon ou d'un taxi).

En visite chez Tatie Danièle

Pour nos enfants, les choses sont claires : il y a les événements familiaux et amicaux qui comprennent d'autres enfants, et d'autres où il n'y a que des adultes. Et là... c'est dur (pour eux et pour nous). Une règle de survie : de 3 à 12 ans, s'il s'agit d'aller voir Tatie Danièle, prenez des jeux, des jouets, des livres, tout ce que vous pourrez humainement transporter. Sinon, votre enfant va s'en-nu-yer. Et « enfant qui s'ennuie, enfant qui nous pourrit la vie ».

Faites-lui remarquer, **à partir de 5 ou 6 ans**, que chez les autres, c'est différent de ce que l'on trouve à la maison. Les règles ne sont pas les mêmes et c'est Tatie Danièle qui autorise ou non certains comportements, comme vous, parents, détenez les « Tables de la Loi » chez vous (n'est-ce pas ?). Or, comme justement, c'est différent chez ceux qui n'ont pas ou plus d'enfants, notre rôle de parent implique quelques vérifications pour assurer leur sécurité et limiter les « bêtises ».

C'est sympa, chez les Rasoirs, il y a un bassin à poissons rouges dans le jardin. Aïe. Munissez n'importe quel enfant d'un bâton (et c'est facile à trouver dans un jardin), et vous aurez en moins de dix minutes un étal de poissonnier « spécial carpes koï » sur le bord de la pièce d'eau ; ou bien nous retrouverons Pépette à quatre pattes dans le bassin, à la limite de la noyade. Donc, fenêtres basses, piscine, escalier branlant, chien haineux, grillage à poule coupant... Faites courtoisement le tour de la maison pour repérer les pièges à enfants. Essayons (ce n'est pas facile) d'anticiper sur les éventuelles bêtises de nos rejetons : la porcelaine en exposition, les tissus fragiles, les chambres d'ados au contenu dangereux (bougies, cigarettes), la cuisine dans laquelle personne n'a jamais fait attention aux produits chimiques sous l'évier... N'hésitons pas à demander à notre hôte, dès le début de la visite, quelles sont les pièces qui sont interdites à nos enfants, et si, malgré vos précautions, vos chéris ont fait des bêtises, proposez immédiatement une réparation et associez-les à celle-ci.

À partir de 7 ans, vous n'êtes toutefois pas tout à fait tiré d'affaire, mais votre enfant peut proposer son aide (sous votre surveillance) à votre hôte : passer les petits gâteaux à la ronde, plier les serviettes, aider à débarrasser... Tout cela si vous l'en sentez capable et s'il n'y a pas trop de risques. Il sera ravi de participer comme un grand et de recevoir des compliments.

Il n'y a que **vers 12 ou 13 ans** que votre enfant sera capable de « s'ennuyer poliment », et encore, sur une faible durée. Aussi, ne lui en demandez pas trop et tolérez qu'il s'isole avec une bande dessinée ou un jeu vidéo, après être resté un temps raisonnable en la présence de ces raseurs d'adultes.

Plus tard, en revanche, il appréciera de participer aux conversations des adultes. Laissez-le s'exprimer s'il le souhaite et donner son avis, même maladroit. En apprenant à argumenter et en constatant que son avis est écouté, il prendra confiance en lui. Il pourra ainsi apprendre à soutenir courtoisement son opinion devant des adultes (qui ne font pas partie de son cercle proche, on s'entend) sans être paralysé par la timidité.

Essayez de vous souvenir que vos enfants débordent d'énergie. Il semble donc prudent, avant une longue réunion dominicale par exemple, de leur ménager un temps d'activité physique dans le but de les défouler, surtout si vous venez de subir un long moment de transport pour arriver sur les lieux.

Les fêtes et surprises-parties

Chez vous...

De 3 à 16 ans, vos enfants peuvent vous aider, dans la limite de leurs capacités, à organiser les fêtes qui les concernent, fêtes de fin d'année comprises. Associez-les à toutes les étapes, de la désignation des invités à la décoration, en passant par le choix des plats, la fabrication des repas, les invitations, les animations et la création et/ou l'emballage des cadeaux. La clef des fêtes réussies étant l'anticipation, montrez-leur comment vous faites. Et le jour dit, malgré le souhait de Fille Aînée, ne disparaissez pas de la maison sous prétexte qu'à 15 ans, c'est la honte d'avoir les parents dans les parages. Le garde-fou parental est obligatoire, ne serait-ce que parce que personne ne saurait prédire comment se comportera Boutonneux du Moment chez les parents de Fille Aînée : vous. Cela ne vous autorise pas pour autant à passer la soirée à chaperonner de près. C'est le moment idéal pour un bon bouquin dans votre chambre avec un casque sur les oreilles...

Apprendre à régler les incidents diplomatiques lors d'une fête

Votre enfant est assez soigneux, dans l'ensemble, et tient à ses affaires (ou vous) ? Protégez ses jouets précieux en les mettant en hauteur avant l'arrivée de Brice-qui-casse-tout. Cela vous évitera quelques incidents diplomatiques avec les parents en cas de catastrophe. Vers 10 ans, vous pouvez parler des précautions qu'il est souhaitable de prendre avant l'arrivée de certains petits visiteurs : « Fils du Milieu, je suggère que l'on cache tes feutres et la peinture avant l'arrivée de Cousin Créatif. » En revanche, avant l'âge de 10 ans, il vaut peut-être mieux ne pas être trop explicite avec votre enfant sur ce sujet : « ma Maman, elle a dit qu'il faut tout planquer avant que t'arrives parce que tu casses tout », énoncera fièrement Pépette devant les parents de Brice. Aïe, l'après-midi démarre bien !

Si la fête a été organisée pour lui, il est bon de lui rappeler que :

- Votre enfant doit remercier chaque invité (enfant et parents) s'il a reçu des cadeaux.
- Il est censé les raccompagner à la porte au moment de leur départ et leur dire « au revoir ».
- Vous et lui vous lamenterez sur le bazar de la chambre après le départ du dernier invité. Et justement, il devra vous aider, même un tout petit peu, à ranger et à nettoyer après le départ de ses amis.

Pour fêter ses 18 ans, rien de tel qu'une « méga-fête » d'où les adultes sont exclus (mais pourquoi donc ?). Chez vous ou dans une salle louée à plusieurs pour l'occasion, un minimum d'organisation est plus que jamais de rigueur. Boissons et tartes maison, disc-jockey et « service d'ordre » assuré par le grand frère Judoka et ses copains, nettoyage de la salle..., il y a une foule de choses à mettre au point, à répartir et à prévoir. Aidez Fille Aînée à s'en sortir en assistant discrètement aux réunions de préparation avec les copines. Après tout, votre expérience de fêtard peut aussi lui être utile, non ?

Le geste écolo !

Éviter le plastique

Le plastique ne se recycle pas aussi bien que l'on pourrait le croire : les assiettes, couverts et verres en plastique, une fois utilisés, sont perdus. Leur durée de vie va de 100 à 1000 ans. Pour limiter ce gaspillage, créez un commando « vaisselle » qui sera chargé de laver la vaisselle « traditionnelle » que vous aurez utilisée lors de la fête.

Et chez les autres ?

Invité, votre rejeton ne se comporte peut-être pas comme vous l'imaginez (c'est-à-dire sage comme une image) chez ses camarades. Et puis, ce que l'on appelle une « bêtise » est souvent l'expression d'une créativité débridée, puissamment développée par l'émulation. Bref, ils rigolaient comme des fous et Petit Dernier a cassé quelque chose chez son copain. Inutile de chercher à savoir comment les choses se sont produites, même eux ne s'en souviennent pas, la plupart du temps.

Proposez une réparation que votre enfant puisse réaliser lui-même : rembourser avec son argent de poche, faire une mini-corvée pour la maman de Brice. Pas un gage, on s'entend, et pas d'humiliation non plus, bien entendu ; disons juste un « petit travail d'utilité familiale » pour compenser. Demandez-lui de s'excuser, mais s'il est très mal à l'aise, faites-le à sa place pour qu'il voie comment vous faites.

Au restaurant

Les sorties au restaurant fournissent de bonnes occasions, non seulement de se régaler (on l'espère !), mais aussi de changer d'environnement, et donc d'adapter son comportement. Nous parlerons ici de restaurant, et non de fast-food. En effet, ceux-ci sont en général à la portée des enfants et ne nécessitent pas d'usages particuliers autres que de s'essuyer le museau et d'enlever leurs chaussures avant d'aller aux jeux.

Jusqu'à l'âge de 7 ans environ, vous choisirez le restaurant en fonction de sa capacité d'accueil des jeunes enfants : place, animations, menus adaptés, service raisonnablement rapide, serveurs bienveillants...

Certaines chaînes sont très fortes sur ce point, et les restaurants chinois ont la réputation (justifiée) de bien accueillir les enfants, mais explorez aussi votre brasserie-cantine car le patron vous connaît bien !

Vers l'âge de 8-9 ans, amusez-vous à lui faire lire la carte et composer des menus « diététiquement corrects » (voir chapitre 2). Profitez-en pour l'inciter à goûter des plats que vous ne faites pas à la maison. Montrez-lui comment demander quelque chose au serveur et proposez-lui de commander lui-même et de réclamer poliment une carafe d'eau. Vous pouvez également vérifier ensemble l'addition, car c'est encore une occasion de faire des mathématiques de façon amusante.

Si Fils du Milieu est en âge d'inviter Belle-du-Moment au restaurant, montrez-lui rapidement comment faire une réservation par téléphone, s'il ne l'a jamais fait. Rappelez-lui qu'une tenue adéquate est requise (le jean, même de marque... ce n'est qu'un jean), et qu'il vaut mieux ne pas s'asperger d'Eau du Jeune Mâle avant le dîner. Montrez-lui également comment on paye discrètement l'addition en poursuivant la conversation...

Les vacances

Les départs à six heures du matin, Papa ronchonnant « ça ne va jamais rentrer » au sujet des innombrables valises et sacs que Maman entasse au pied du coffre de la voiture..., que de souvenirs ! Et les grimaces aux voitures dans le car de la colo ?

Que doit-on enseigner à nos enfants pour que, devenus grands, ils tirent le meilleur parti de leurs vacances ?

Vacances en famille

Dès l'âge de 7 ans, expliquez-leur les avantages à aller en vacances au camping du Pin Blond, chez Mamie à Hossegor ou à Pulchra Cana au Klub. Vous aimez la nature, le confit de canard de Mamie ou la planche à voile. Ou bien abordez la question du budget, sans les alarmer. Pas pour vous justifier, mais pour leur transmettre vos valeurs, tout simplement. Et faites-les réunir eux-mêmes les jouets qu'ils veulent emporter, sans oublier le cher Doudounours.

À 9 ans, faites-leur repérer sur une carte « d'où on part » et « où on va ». Faites-leur remarquer les noms des grandes villes traversées et dites-leur qu'ils vous serviront de co-pilote : à eux de vous aiguiller pour savoir quelle direction prendre après Poitiers. Il va sans dire que vous aurez repéré le trajet avant. Pas question de se retrouver à Bled-les-Volcans parce que Petit Dernier jouait à la Xboy à l'arrière et a oublié de vous prévenir de prendre la sortie 13.

À 10-11 ans, vous pouvez les associer au choix de la destination en leur montrant catalogues, tarifs et liste des animations : « Là, il y a une piscine, mais c'est à neuf heures de route. Ici, c'est moins cher, mais il n'y a que pétanque comme activité. » Et une fois que vous aurez fait ensemble la liste des vêtements et des accessoires à emmener, il pourra vous rappeler lui-même, en cochant soigneusement sa liste, ce qu'il faudra mettre dans les bagages.

À l'adolescence, les vacances en famille seront de plus en plus perçues comme pesantes, sauf si vous parvenez à dénicher le village vacances ou la cité balnéaire suffisamment animée (comprendre : on y trouve plein d'autres jeunes avec qui s'agglutiner) pour que Fille Aînée puisse se pomponner des heures après le dîner avant de se pavaner avec ses copines en bord de mer. Oui, sachez-le, les vacances familiales en gîte isolé au milieu de Nulle Part équivalent à un cauchemar pour de nombreux ados.

En colo, en stage ou chez Mamie Paulette

Parallèlement, reconnaissons-le, nous sommes nombreux à souhaiter prendre quelques jours de repos sans avoir à jouer aux Animateurs Joyeux en plus de faire les parents. Ou bien à vouloir améliorer les niveaux linguistiques de notre progéniture sans pour autant accepter de manger des petits pois à la menthe chez les Grands-Bretons.

Dans un premier temps, l'exotisme sera grand s'ils ont la chance de partir avec leurs grands-parents ou Tata Gâteau. Ces gens bien patients leur servent souvent les tomates du potager ou les crevettes du marché, les laissent gambader dans le jardin ou courir sur la plage, et leur font découvrir des choses qu'ils ne verront pas avec vous (des canards, du foie de veau, le musée de la Poste). Tout cela leur donnera de l'assurance pour d'autres expériences !

Ensuite, ils veulent plus de sensations... C'est pour ces situations qu'ont été inventées les colonies de vacances (dès 4 ans), les associations sportives ou culturelles en internat et les séjours linguistiques. Pour en choisir une, passez en revue avec votre enfant ce que proposent votre municipalité, votre mutuelle ou votre employeur, et jetez un œil aux associations de type Aventure Scientifique ou UCPA (Union nationale des centres sportifs de plein air) pour la France.

PAROLE D'ENFANTS

> « Fin mars, j'ai choisi l'organisme avec lequel je voulais partir sur Internet, avec Papa. Puis on a cherché un stage "rafraîchissant", parce que l'été, il fait chaud. Avec mes copines, on a éliminé ce qui était trop cher ou qui ne nous plaisait pas à toutes. On a voté. Finalement, ce sera un stage d'activités uniquement nautiques. Ça a l'air trop bien ! »
>
> Margot, 14 ans.

La liste des choses à emporter

Utilisez une liste des choses à emporter. Très souvent, pour les centres de loisirs et certaines associations, le trousseau-type vous sera fourni lors de l'inscription. Dans les autres cas, vous en créerez une avec l'aide de votre enfant : « Pour dix jours, à ton avis, de combien de tee-shirts as-tu besoin ? » Peur de manquer ou minimalisme de moine tibétain, vous serez parfois surpris des réponses de votre enfant. Expliquez-lui pourquoi vous ramenez les quantités estimées à de plus justes proportions.

Avant le départ, planifiez le linge

L'air de rien, il faut s'y prendre à l'avance pour laver, repasser, marquer les vêtements. Vous vous souvenez du mode d'emploi de la couture du chapitre 4 ? Sortez-le, c'est le moment. Une petite séance de couture d'étiquettes, ça lui plairait, hmm ? Allez, on blague, à nous le feutre textile ou les étiquettes à repasser !

Expliquez à Fils du Milieu que s'il veut emporter son tee-shirt à capuche à virgule, celui qu'il ne quitte plus depuis quinze jours, il va falloir le lâcher le temps de le laver. Et puis non, vous ne passerez pas votre vendredi soir à repasser tous les tee-shirts de Fille Aînée parce que, jusqu'au dernier moment, elle n'arrivait pas à se décider : « J'ai rien à me mettre ! »

Choisissez le bagage

Muni de la liste, regroupez toutes les affaires prévues, disons sur le lit. Ceci vous permet d'estimer la place que prennent vêtements et accessoires. Vous choisirez la valise (ou le sac) en conséquence, plutôt que de commencer à remplir la valise bleue et de vous rendre compte que tout ne rentre pas.

Veillez à ce que votre enfant puisse déplacer seul son bagage. Certes, vous l'accompagnez à la gare, mais après ? Il doit pouvoir prendre une correspondance sans l'aide d'une autre personne. Est-il utile de préciser que vous vérifierez soigneusement la solidité de la valise et son étiquetage ?

Remplissez sa valise avec votre enfant

D'abord, les choses lourdes (pensez à mettre les chaussures dans des sacs, elles reviendront dans un état !). Puis montrez-lui comment plier ses vêtements : ce n'est pas pour qu'il revienne avec une valise « au carré » du stage de surf ; c'est juste une occasion de lui expliquer que cela prend moins de place qu'en vrac. Montrez-lui comment vous intercalez les choses fragiles au milieu des vêtements et comment vous terminez par les vêtements les plus légers. Les liquides seront dans une trousse ou un sac : ça coule toujours, de toute façon.

Soyez fermes sur les objets de valeur : c'est non. Pas de Xboy coûteuse, pas de montre de James Bond... s'il ne veut pas être dépouillé.

Donnez-lui un montant raisonnable d'argent de poche : il n'est pas question qu'il devienne le banquier de toute la colo, sous prétexte qu'il est le seul à avoir encore des sous l'avant-dernier jour.

Vacances avec les copains

Vers l'âge de 16 ans, votre enfant voudra partir en groupe, avec ses amis, sans encadrement.

Vérifiez que vous connaissez un minimum les copains avec qui il part et leurs parents. Exigez le numéro des portables de chacun et l'adresse exacte du lieu de villégiature ou le parcours de randonnée qu'ils ont prévu de faire.

À cette occasion, aidez-le à planifier soigneusement le trajet, l'hébergement et les frais. Réfléchissez avec lui à des solutions de repli si les événements ne se déroulent pas comme prévu : « Marjorie s'est cassée la jambe en plongeant dans la piscine, on n'a plus rien fait pendant le reste des vacances. »

Expliquez-lui que tout le monde n'a pas la chance d'avoir des parents qui ont lu ce guide : il faudra qu'il s'attende à ce que nombre de copains se contentent de se laisser vivre, sans songer à approcher ni évier ni machine à laver. Aussi, donnez-lui quelques astuces pour qu'il ne se retrouve pas à faire toutes les corvées, sous prétexte qu'il sait les faire, lui. Parlez-lui de caisse commune où tout le monde verse la même somme en liquide, de tours de courses et de vaisselle, etc.

Les déplacements

À pied, de la prévention, d'abord

À 3 ans, et pour quelques années encore, votre enfant ne se déplace pas seul dans un espace ouvert. Mais il apprend déjà beaucoup sur les précautions à prendre lorsqu'on va d'un endroit à un autre. Pour que l'habitude s'ancre bien dans sa tête, soyez intransigeant : on traverse quand le bonhomme est vert, au passage piéton, et on donne la main ; en voiture, on voyage sur son siège-auto, et jamais sans ceinture ; on ne joue pas sur les parkings ; on ne suit pas n'importe quelle personne qui vous propose un bonbon ou un bout de saucisson.

Sur la sécurité routière, plusieurs sites Internet regroupent des jeux interactifs pour apprendre les règles de la route, en tant que piétons ou passagers d'une voiture. Mais le mieux est de lui montrer le bon exemple.

PAROLES DE PARENTS

« Un enfant considère qu'il connaît tous les gens à qui il a parlé une fois, alors leur dire de ne pas suivre ou parler à quelqu'un qu'il ne connaît pas, c'est insuffisant ! Chez moi, le critère, c'est le prénom : tu connais son prénom, alors tu peux lui parler (cela inclut donc l'institutrice, les animateurs de l'école, les amis proches). Du coup, un jour que j'étais en retard, Nicolas a refusé de partir avec la mère d'une de ses copines, disant qu'il ne la connaissait pas, même s'il la voyait tous les jours au square ! Somme toute, pour moi, c'était assez rassurant de voir sa réaction. Et je lui ai appris le prénom de la dame ! »

Stéphanie, 33 ans, journaliste, deux enfants.

Si vous avez l'intelligence de lui faire faire un maximum de déplacements à pieds (dans la mesure du possible, évidemment), votre enfant va commencer très vite à connaître le chemin pour aller à l'école ou au square. Il rêvera d'y aller seul. Mais jusqu'à 8 ans environ, un enfant ne peut faire qu'une seule chose à la fois (courir après le ballon ou regarder si une voiture arrive, par exemple), et il ne sait pas repérer, à l'oreille, d'où vient le bruit ; il semble donc peu judicieux de le laisser se promener seul avant 8-9 ans (sur de très petites distances sans route dangereuse). Toutefois, vous pouvez faire « comme si » et le suivre quelques mètres derrière, pour voir comment il se débrouille.

S'il a du mal à se repérer ou si vous venez d'arriver dans un nouveau quartier, jouez à faire ensemble le plan de celui-ci. Apprenez-lui le nom des rues proches de son domicile pour qu'il puisse, si jamais il se perd, demander son chemin. Passez quelques heures, stylo à la main, à dessiner les bâtiments qu'il connaît, son école, la poste, sa maison, celle de son copain Justin. Pensez à lui indiquer toutes les situations dangereuses et les manières de les éviter.

Quand il maîtrisera bien la route, ses dangers et ses difficultés, vous le laisserez d'abord « vous conduire » à l'école puis partir seul.

En vélo, la sécurité avant tout

L'apprentissage du vélo, une des grandes étapes de l'enfance, se fait le plus souvent avec l'aide d'un adulte. La meilleure préparation, et ce dès 3-4 ans, est un entraînement au pédalage (par exemple avec un tricycle), et un entraînement à l'équilibre, qui se fait bien avec une trottinette.

Contrairement à ce que l'on pense couramment, l'étape « petites roues » n'est ni nécessaire, ni souhaitable, car elle perturbe le sens de l'équilibre, justement. En revanche, votre enfant peut utiliser pendant quelques temps sa bicyclette (sans roulettes) en la poussant avec ses pieds, sans se servir des pédales (que vous pouvez même temporairement retirer pour éviter nombre de bleus aux mollets !).

En vélo, on commence par s'entraîner dans un espace protégé (sans voitures : trottoirs, éventuellement pistes cyclables), puis on apprend à circuler dans la rue avec ses parents vers 7-8 ans. Jusqu'à l'âge de 8 ans, la circulation est autorisée sur le trottoir, mais pas après ! Les plus malins sauront faire de courts trajets tout seuls vers 10 ans, et d'autres attendront 12 ans. En prévision de ce moment, n'hésitez pas à lui apprendre la signification des principaux panneaux de signalisation, notamment le Stop, Cédez le passage, Sens interdit, Piste cyclable. Ne soyez pas pressé, il en va de la vie du zozo. Et surtout, habituez-le dès le début à porter un casque.

Deux roues, c'est bien. Deux roues + un moteur = la liberté

En primaire, l'école va se charger d'apprendre à votre enfant les bases du code de la route. Il n'aura le droit de rouler en cyclomoteur qu'à l'âge de 14 ans, après avoir obtenu une attestation spéciale (conclusion de cinq heures de formation). S'il vous réclame ce type de véhicule, négociez ensemble un contrat :

- porter son casque ;
- ne pas modifier son cyclomoteur (pas de débridage ni de kit) ;
- respecter le code de la route (évidemment !) ;
- ne pas prêter son cyclo ;
- dans les premières semaines, ne pas transporter de passagers.

Si vous refusez le scooter, votre collégien aura peut-être envie d'utiliser ses pieds pour rouler. À vous les joies des accidents de roller ! Il veut aller au collège sur roulettes ? Soit. Mais il devra prévoir de quoi ranger ses rollers et ses protections pendant les cours, et respecter le code de la route : en rollers, il reste un piéton et roule donc sur le trottoir. Pour vous assurer qu'il saura gérer un trajet en ville assez long et sans accident, n'hésitez pas à l'inscrire à une sortie roller encadrée.

Choisir une assurance cyclomoteur

- **Faire des recherches sur Internet et obtenir un devis estimatif de trois ou quatre assureurs. Inclure parmi eux celui qui assure déjà le ou les véhicules de la famille.**
- **Comparer les différentes offres en tenant compte des options, des garanties, des possibilités d'assistance, des franchises, et bien sûr du montant de la prime.**
- **Choisir la meilleure offre et souscrire.**
- **Conserver les documents nécessaires, et avoir notamment toujours sur soi le numéro de téléphone permettant d'obtenir une assistance en cas de panne, de vol ou d'accident.**

Laissez-le prendre son envol : acceptez de le laisser circuler seul un jour ou l'autre. Et rassurez-vous, la plupart du temps, ce bonhomme qui vous suit aveuglément pour traverser une rue est souvent bien plus prudent lorsqu'il est sans vous. Sans votre surveillance, il prend la responsabilité de son déplacement et de sa sécurité.

La conduite accompagnée, une panacée ?

À l'âge de 16 ans, la question se posera peut-être de passer ou non le permis voiture en « conduite accompagnée ». Ce système a plusieurs avantages, mais aussi quelques inconvénients. Autant en faire le tour avant de s'engager.

Les atouts :

- Il permettra de resserrer les liens avec votre enfant, à une période où vous trouverez parfois difficilement du temps et de la disponibilité (de votre part et de la sienne) pour faire des choses ensemble.
- Le principe de la conduite accompagnée permet de faire des économies de temps et d'argent. En effet, 67 % des jeunes qui s'y soumettent réussissent leur examen du premier coup et vous évitent ainsi le coût d'heures de cours supplémentaires.
- Les assurances soutiennent la conduite accompagnée en baissant la surprime « jeune conducteur » pour les jeunes qui la choisissent.
- Pour finir, mais faut-il ou non s'en réjouir, la durée du permis probatoire, pendant laquelle ils ne disposent que de six points, est abaissée pour eux à deux ans au lieu de trois.

Les contraintes :

- L'élève doit avoir 16 ans et bénéficier de l'accord de ses parents.
- Il doit suivre une formation initiale et obtenir le code (ETG) avant de prendre le volant pour la première fois.
- L'accompagnateur doit avoir au moins 28 ans, un permis de conduire (B) en cours de validité depuis au moins 3 ans, et l'accord de sa compagnie d'assurance. Celui-ci peut lui être refusé s'il a été condamné pour certaines infractions graves (homicide et blessures involontaires, conduite sous l'emprise de l'alcool, délit de fuite, refus d'obtempérer, conduite sans permis).

- On ne peut conduire qu'en France, en respectant les limitations de vitesse imposées aux novices.
- Le véhicule doit impérativement avoir deux rétroviseurs latéraux extérieurs.
- L'accompagnateur doit être vigilant et patient, voire prêt à remettre en question son propre mode de conduite. Un climat de confiance doit régner entre les deux « partenaires ».
- Enfin, il faut avoir du temps : le jeune conducteur doit conduire 3 000 kilomètres en un minimum de un an et un maximum de trois ans.

Se faire transporter

La voiture

Dans la plupart des familles, le transport le plus utilisé pour les plus petits est la voiture. Même si c'est celui qui vous paraît le plus simple et le moins contraignant, c'est aussi l'endroit d'une éducation sérieuse à la sécurité qui lui restera pour la vie. Donc, oui, si votre enfant a toujours voyagé avec un système de retenue adapté (siège-auto et ceinture), même pour les courts trajets, et que ses parents s'attachent systématiquement, il y a des chances pour qu'il acquiert le réflexe de s'attacher, bientôt tout seul, au moment de s'asseoir en voiture, et de se détacher après l'arrêt du moteur.

Si vous voulez être sûr que votre enfant ne s'habitue pas à voyager sans système de retenue, n'acceptez aucune exception, même si le Code de la route l'admet, lui, dans les taxis et les voitures de location (on se demande pourquoi, d'ailleurs !).

Jusqu'à 7-8 ans, maintenez le verrouillage de sécurité à l'arrière (la « sécurité enfant ») pour votre sérénité, et plus tard, insistez pour que votre enfant attende votre signal pour descendre de la voiture.

Excepté dans des conditions très particulières, un enfant de moins de 10 ans ne doit pas voyager à l'avant pour des raisons de sécurité. Par la suite, la place avant devient une bonne raison de se disputer entre frères et sœurs, encore plus si vous avez de quoi écouter de la musique à l'avant ! Pourtant, il est nécessaire de leur apprendre à ne pas faire de grands gestes ni à pousser de grands cris dans une voiture, au risque de gêner le conducteur. En cas d'escalade verbale et gestuelle, autant arrêter la voiture et attendre que ça se passe plutôt que risquer un accident.

Pour les longs voyages, habituez votre enfant à prévoir de quoi s'occuper seul ou avec les autres. Lorsque la question du mal des transports ne se pose pas, il est libre d'emmener des livres, jeux, jouets, y compris des jeux vidéo ou même un lecteur DVD portable. Il existe de nombreux jeux « spécial voyage » qui tiennent compte du risque de chute des petites pièces, car il sera évidemment hors de question de se détacher pour aller ramasser le 9 de cœur glissé sous le siège de Maman. Alors pensez aux plateaux à rebords !

Bien sûr, si vous avez des Vomitous, il faudra en tenir compte et limiter tout ce qui nécessite de fixer le regard. À vous les jeux oraux où l'on cherche des objets en regardant par la fenêtre, par exemple. Pour les plus grands, vous vous en sortirez souvent mieux avec quelques bons CD ou des lecteurs MP3, parce que « ton Michel Bruel, c'est pour les vieux. Moi, je veux écouter MC Delpech ».

PAROLE D'ENFANTS

> « Maman, elle ne veut pas que je joue à la Xboy dans la voiture parce que je vomis après. Mais c'est pas à cause du jeu, j'en suis sûre. C'est à cause de l'odeur de la voiture ! »
>
> Gabrielle, 10 ans.

Quand il sera en âge de sortir entre amis le soir, n'omettez pas de lui rappeler quelques règles importantes pour choisir la personne qui le raccompagnera en voiture. En effet, en 2005, 33 % des personnes tuées entre 13 et 16 ans étaient des passagers de voiture. Donc, même si c'est un super copain et qu'il est majeur, Léonard ne doit pas raccompagner votre enfant si :

- il a fumé un joint ou sniffé quoi que ce soit ;
- il a bu plus de deux verres d'alcool dans les dernières heures ;
- il a l'air un peu « allumé » ce soir ;
- il est fatigué.

Pour éviter de se retrouver pris au dépourvu, le plus simple est d'apprendre à vos ados à désigner, à chaque sortie, un jeune qui a le permis de conduire ne boira pas d'alcool et ne fumera pas de cannabis. Si la soirée se prolonge, il ira se coucher quelques minutes pour se reposer avant de prendre le volant. Si le « capitaine de soirée » ainsi désigné n'a pas respecté son contrat, indiquez à votre enfant que vous êtes prêt à faire des kilomètres s'il le faut pour aller le chercher, ou donnez-lui de quoi payer un taxi en cas de besoin.

Les transports en commun en ville

Ah, les souvenirs des voyages en car ! Avec le développement des transports en commun dans les grandes villes, nous vous recommandons d'initier vos enfants à l'utilisation du bus avant ses premières colonies de vacances. C'est pas cher et c'est pas si compliqué que ça. Promis.

Avec un ou plusieurs enfants de plus de 3 ans, le principe est simple : ils montent avec vous dans le bus et ont pour consigne d'aller chercher immédiatement une place ou de se tenir à un poteau. Juste avant l'arrivée, il faudra les prévenir de votre descente imminente, vous arranger pour qu'ils se rapprochent de la sortie et ne les faire se lever de leur place (ou lâcher leur poteau) qu'à l'arrêt du bus. On évite ainsi les chutes.

Quand vous voyagez seul avec vos deux enfants dont un bébé, préférez alors le système du porte-bébé qui vous laisse occasionnellement les mains libres. Si c'est impossible, trouvez de l'aide : vous ne pourrez pas, sans coincer tout le monde, composter votre ticket, faire avancer l'aîné et déplacer la poussette vers la sortie en même temps !

À la descente du bus, vous lui apprendrez très tôt à attendre que le bus soit parti pour traverser la rue (s'il doit le faire) et à ne pas passer devant ou derrière un bus à l'arrêt.

Spécial grandes villes

Certains enfants sont amenés à se déplacer en car dès leur plus jeune âge pour aller à l'école. Parfois aussi, la voiture n'est pas le véhicule préféré de leur famille (dans les grandes villes, on peut vivre sans voiture même avec une famille nombreuse). Mais ils n'apprennent tous que plus tard à préparer eux-mêmes un itinéraire. N'hésitez pas à leur mettre rapidement **un plan** entre les mains pour les habituer.

Dans les grandes villes, il est plus facile de s'initier à suivre un itinéraire avec des correspondances dans le métro, la signalisation étant souvent plus complète. Pour le reste, il y a assez peu de différences entre le métro et le bus. Au tourniquet, laissez d'abord passer les enfants munis d'un ticket (pour être sûr qu'ils arrivent à passer), puis passez avec les enfants plus jeunes. De même pour les portillons automatiques de sortie. Dans le métro parisien, une porte spéciale est souvent prévue pour le passage des poussettes et des fauteuils roulants, ouverte sur demande au guichet.

Comme pour les déplacements à pieds, l'idée est de les amener **à prendre leur autonomie progressivement**. D'abord, on le suit après qu'on lui ait donné l'itinéraire ; ensuite, on le suit en le regardant se débrouiller avec son propre itinéraire ; on complique un peu avec une correspondance, et il devrait être prêt vers 11 ans pour son premier trajet seul.

Néanmoins, si votre enfant commence à se déplacer par lui-même, assurez-vous qu'il pourra vous joindre en cas de problème : ce serait dommage qu'il se retrouve à 30 km de chez vous à 21 heures, sans moyen de rentrer chez lui ni de vous joindre !

Quand l'occasion se présentera, apprenez aussi à votre enfant à **appeler un taxi** et à en prendre un. Ça l'aidera peut-être un soir de détresse, même si ce n'est pas la solution la plus économique. Dans cette optique, apprenez-lui également, même s'il ne conduit pas, à expliquer clairement l'itinéraire à prendre pour rentrer chez lui (d'où l'intérêt de lui avoir appris au préalable le nom des rues autrement que « la rue où habite Julie »).

Apprenez-lui aussi à **calculer la durée d'un trajet**. Dans certaines villes, plusieurs choix s'offrent à lui, qui diffèrent souvent en terme de contraintes, de coût et de durée. À lui de voir si, quand il quitte l'école à 16 h, il est plus malin d'attendre que la mère de Sacha vienne le chercher à 17 h ou de prendre le car à 16 h 15, sachant que le car fait le tour du quartier et le dépose à 15 minutes à pied de chez lui. Ça le changera des problèmes de robinets !

Le train et l'avion

Le voyage en train ou en avion ne pose a priori pas de problèmes quand vos enfants voyagent avec vous. Quelques « trucs » peuvent le faciliter, surtout si vous êtes seul avec plusieurs enfants jeunes. Ainsi, le voyage en train idéal se fait dans le « carré famille », où l'on trouve souvent une autre famille avec un autre parent esseulé dont le petit dernier aura, lui aussi, des envies de faire pipi à répétition. Faites connaissance au plus vite pour que vos enfants acceptent de rester quelques minutes en compagnie de l'autre parent pendant que vous accompagnez Petit Dernier aux toilettes.

En avion, les parents qui ont des enfants en bas âge sont invités à monter dans l'avion les premiers afin d'avoir plus d'espace pour circuler sans être bousculés. N'hésitez pas à vous précipiter, ça aide.

Voyager « seul » en train ou en avion est possible pour un enfant jeune. Ce sont des services souvent prévus par les compagnies ferroviaires et aériennes. En France, les enfants peuvent bénéficier d'un accompagnement en train entre 4 et 12 ans (attention : pas plus de 7 kg de bagages par enfant), et en avion de 4 et 11 ans. Vous n'aurez pas grand-chose à prévoir, à part parfois quelques pièces ou un goûter pour combler le petit creux. Les hôtesses ont, dans ces cas-là, tout ce qu'il faut pour distraire les petits. Si votre enfant est inquiet ou s'il prend le train ou l'avion pour la première fois, proposez-lui un petit jeu de rôle, pour faire comme si.

À partir de 12-13 ans, la plupart des compagnies considèrent que votre enfant peut voyager seul. Sans être un « parent poule », vous prendrez quand même soin de l'accompagner jusqu'au train ou à la porte d'embarquement de l'avion, et d'attendre que les véhicules soient partis : un retard ou un débarquement peuvent se produire et votre enfant en serait désappointé. Précisez bien le maximum de détails avant de partir :

- Qui viendra le chercher ? Où sera-t-il attendu ? Que faire si la personne n'est pas au rendez-vous ?
- S'il a un portable, qui doit-il joindre en cas de retard ? À quel numéro ?
- S'il a un problème, à qui doit-il s'adresser dans le train ? Dans la gare ?

- S'il prend l'avion, ce qu'on lui proposera sera-t-il gratuit ou payant (cela dépend des compagnies, de nos jours) ?

En conclusion de ce chapitre sur le temps libre, nous dirions volontiers, expérience à l'appui, que pour bien apprécier ce fameux temps libre, un minimum de réflexion est bienvenu. L'organisation des loisirs de nos enfants ou de notre famille au sens large fournit des occasions multiples de confronter les plus jeunes à la planification et l'anticipation. Tant mieux : anticiper le plaisir que l'on va prendre est déjà une partie du plaisir lui-même. Il ne s'agit pas de bannir toute spontanéité de notre emploi du temps. Au contraire, c'est être certain de passer les meilleurs moments possibles en réduisant le stress. Une fois ces moments planifiés au mieux de vos intérêts communs, détendez-vous, improvisez et pro-fi-tez.

À 18 ans, il devrait être capable de...

- Surfer et chatter sur Internet sans prendre de risques inconsidérés.
- Choisir et organiser sa participation à une activité artistique ou sportive régulière.
- Choisir et organiser une sortie « loisirs » pour lui ou pour un petit groupe de personnes.
- Utiliser les services d'une médiathèque.
- Organiser une fête pour des proches.
- Inviter quelqu'un au restaurant.
- Organiser un séjour de vacances pour lui ou pour un petit groupe de personnes.
- Préparer ses bagages lors d'un déplacement.
- Se repérer sur un plan pour un déplacement à pied ou en véhicule personnel.
- Lire un plan et des itinéraires pour organiser un déplacement en transports en commun.
- Connaître les bases du Code de la route, même s'il ne conduit pas un véhicule.
- Prendre le train seul.

Fiches pratiques

Organiser une fête

- Choisir la date : on vérifie que la plupart des invités seront vraisemblablement disponibles (pas drôle de fêter son anniversaire en août, n'est-ce pas ?), puis on fait la liste des invités pour avoir une idée du nombre de personnes, adultes et enfants qui seront présents.
- Lancer l'invitation : faut-il fabriquer une jolie invitation ? Comment ? Que doit-on écrire dessus pour être sûr que les gens ne vont pas se perdre et arriver tous (à peu près) à la même heure ? Et un e-mail, ça ne suffit pas ?
- On réfléchit à ce que l'on voudrait manger et boire et aux quantités nécessaires. Si on le souhaite, on peut demander une participation « en nature » sous forme de boissons et de gâteaux aux participants.
- On liste tous les éléments dont on aura besoin : la vaisselle, les tables, les chaises, le matériel en tout genre. Si nous n'avons pas tout ce qu'il nous faut, peut-on emprunter ou louer ? Auprès de qui ? Comment faire ?
- Comment souhaite-t-on que la fête se déroule ? Quelles activités prévoir ?

Les bonnes manières dans un grand restaurant

- On pose sa serviette dépliée sur les genoux. Si l'on doit quitter temporairement la table, on la pose sur la chaise. Lorsqu'on finit son repas, on la pose telle quelle sur la table.
- On utilise ses couverts en les prenant de l'extérieur vers le bord de l'assiette, en changeant à chaque plat.
- Plat fini, on les repose dans l'assiette.
- Le plus grand verre sert à l'eau, les autres pour les vins.
- C'est la personne qui invite qui goûte le vin.
- On s'essuie la bouche avant de boire, en se tamponnant délicatement la bouche.

- On se met d'accord avant le repas sur la répartition des dépenses : on ne va quand même pas se battre en public à grand coup de carte bleue. Et on ne re-vérifie pas l'addition trois fois avec moult commentaires.
- Et si on ne sait pas comment manger ces jolies pinces de homards ou ces asperges sans mettre les doigts, ou si un des aliments est inconnu au bataillon (ça se mange ou c'est pour la déco ?), ou si, ou si, ou si..., on attend de voir comment font les autres.

Savoir bien faire du vélo, c'est quoi ?

- Vérifier le bon fonctionnement du matériel (sonnette, freins, éclairage, etc.).
- Rouler à droite.
- Utiliser les pistes cyclables.
- Freiner correctement sans les pieds.
- Maintenir sa trajectoire en roulant lentement.
- Tendre le bras pour indiquer un changement de direction.
- Jeter un coup d'oeil à l'arrière pour surveiller la circulation.
- Ne pas longer de trop près les voitures en stationnement.
- Au feu rouge, rester à droite derrière les voitures pour être visible dans leurs rétroviseurs.

Faire de l'auto-stop

Non conseillé, évidemment, à cause des risques qu'il fait encourir à nos enfants, l'auto-stop est parfois un mal nécessaire : il n'y a que deux bus par jour entre le lycée Saint Prosper et la maison, le cyclomoteur est tombé en panne et les parents ne sont pas toujours disponibles pour faire le taxi.

- Montrez-leur comment se placer sur le bord de la route pour être vus des conducteurs suffisamment à l'avance.

- Dites-leur de ne jamais se faire arrêter devant chez eux mais toujours à quelques centaines de mètres, pour ne pas montrer où ils demeurent.
- Encouragez vos filles, si elles n'ont pas d'autres solutions, à faire du stop à deux.
- Apprenez-leur à être très fermes lorsqu'ils doivent repousser des propositions malhonnêtes.
- Dites-leur de ne pas hésiter à se faire déposer sur le bord de la route s'ils sentent un danger, même s'il pleut. Il vaut mieux un blouson ruiné...

Chapitre 7

Prendre ses responsabilités de futur adulte

« Les êtres humains sont les seules créatures sur terre qui autorisent leurs enfants à revenir à la maison. »

Bill Cosby

« Ce ne sont encore que des enfants ! » Certes. Mais ça ne va pas durer. Et il faudra bien vite que vos rejetons apprennent à éviter de mettre le feu chez vous, à trouver un job, à gérer un budget, à faire des courses et à trouver un logement… Un chapitre sans migraines pour envisager leurs responsabilités de futurs adultes !

L'argent

Bizarrement, votre enfant adore faire des courses avec vous. Acheter, acheter, acheter. On donne quelques pièces ou des billets, qui sortent de votre porte-monnaie ou d'une machine collée au mur, et en échange, on obtient tout ce dont on a envie : des bananes, des Chocobarres, des ballons sauteurs et même des jeux vidéo. Pendant longtemps, l'argent fait partie de votre toute puissance parentale, jusqu'à ce qu'il se rende compte que n'importe qui peut en avoir, même son voisin en classe...

Comment le gagner ?

Dès que votre enfant commence à s'intéresser à l'argent, expliquez-lui clairement qu'il ne pousse pas dans les arbres. Quand Papa part en râlant au bureau le matin, ce n'est pas pour cueillir des pièces mais pour travailler et ramener un salaire qu'il dépose à la banque. Et c'est comme ça qu'il peut reprendre son argent dans la machine de la banque. Rien ne sort si personne n'a rien mis dans cette machine !

Avec votre enfant, dès l'âge de 8 ans, prenez quelques minutes pour faire la liste de toutes les façons d'obtenir de l'argent, et parlez-en ensemble. Si quelques manières sont évidentes, n'omettez pas les moins communes, comme le vol, le jeu, les intérêts de l'épargne, le don d'un ami, mais pensez à discuter de l'intérêt et des risques de chaque manière.

L'argent de poche

La plupart des psychologues pour enfants vous recommanderont de verser de l'argent de poche à votre enfant à partir du moment où la question commencera à l'intéresser. Pourquoi ? Pour l'entraîner dès que possible à gérer de l'argent, en commençant par faire des erreurs sur de petites sommes.

Pour la somme, les avis sont très divergents. Certains utiliseront un système « par âge », le plus courant étant « tant d'euros par semaine et par année d'âge ». Pour ce qui est de la périodicité, on considère qu'un jeune enfant (jusqu'à 10 ans) aura du mal à attendre un mois entier.

En plus, à partir du collège, vous devez tenir compte, quand vous définissez cette somme, de l'usage que votre enfant en fera. Cet argent sera-t-il réservé exclusivement à l'achat de petits jouets et de friandises ou devra-t-il aussi remplacer ses fournitures scolaires égarées ? Plus tard, ce budget couvrira-t-il les déjeuners à l'école, les frais de transport, l'achat des vêtements et des fournitures scolaires, les sorties ? Mettez ces choses au point dès le début, quitte à en rediscuter régulièrement (souvent en début d'année scolaire).

Bien sûr, vous pouvez éviter l'argent de poche pendant quelques années et vous contenter de répondre aux désirs de votre enfant, au coup par coup. Ou bien compter sur l'argent qu'il recevra à ses anniversaires pour qu'il fasse l'apprentissage de la gestion de celui-ci. Cependant, dès qu'il se déplacera régulièrement seul, assurez-vous qu'il ait toujours un peu d'argent sur lui, c'est quand même le nerf de la guerre...

Trouver un job

Dans les très petites entreprises, les enfants du patron sont souvent rémunérés pour remplir des enveloppes ou coller des timbres, dès l'école primaire ! De l'esclavage ? Non, pas tant que votre enfant a envie de se rendre utile et que cela ne se renouvelle pas systématiquement, tous les mercredis après-midi ! Cependant, le travail des enfants, hormis dans des circonstances et pour des métiers très spécifiques, reste interdit avant 16 ans.

Pour gagner quelques pièces avant cet âge, il reste donc l'entourage proche. Votre enfant peut notamment :

- garder des enfants ;
- vendre des objets qu'il aura fabriqués ;
- aider un adulte à une tâche fatigante ou ennuyeuse ;
- animer une fête (le goûter d'anniversaire de son petit frère, par exemple) en organisant des jeux ou en créant un petit spectacle.

Dans tous les cas, assurez-le de votre confiance et gardez-le sous surveillance, car vous serez vraisemblablement responsable de ses erreurs !

Pour trouver ces emplois, il faudra se faire connaître auprès des gens du quartier, laisser des petites annonces dans les magasins du coin et dire haut et fort à tous les gens qui passent que l'on veut travailler et que l'on a plein d'idées.

À partir de 16 ans, et plus facilement à 18 ans, il pourra trouver un petit job, surtout l'été. Pour ce faire, c'est évidemment à vous de lui apprendre à chasser le « petit boulot ». Objectif : être professionnel sans avoir jamais essayé. À lui de faire une liste complète de toutes ses compétences extrascolaires : stages, exploits sportifs, implications dans les associations, mais aussi participation à l'organisation d'événements (familiaux et amicaux, oui, et alors ?), bénévolat de tout ordre, brevets et permis obtenus, travaux et recherches concernant le domaine du petit boulot en question. Encouragez-le à faire un CV, court et concis, mais efficace. Ne le rédigez pas à sa place ! En revanche, vous accepterez de le relire, de pointer quelques erreurs et de l'entraîner à répondre aux questions posées lors d'un entretien (voir fiche pratique en fin de chapitre).

Plus il s'y prendra jeune, plus il faudra faire appel à vos relations et aux siennes (les parents d'amis notamment). Mais **dès 18 ans**, beaucoup d'entreprises cherchent des petites mains. À cet âge-là, on est souvent prêt à beaucoup de choses pour gagner un peu d'argent, surtout si c'est la première fois. Ce sera l'occasion pour vos enfants de découvrir le monde du travail et ses travers, de s'entraîner à négocier et à discuter autour de la machine à café !

Si votre enfant a la bonne idée de consulter les petites annonces, prenez la peine de l'accompagner dans ses premières découvertes. Les petites annonces sont pleines de pièges. Répétez-lui que tout ce qui est trop beau pour être vrai n'est que très rarement vrai, et qu'une annonce qui promet de gagner des millions sans rien faire ne peut pas être honnête.

Parallèlement, ne le laissez pas prendre ses premiers petits boulots à la légère. Offrez-lui un classeur où il pourra ranger soigneusement ses premières fiches de paye, et encouragez-le à noter les coordonnées de chacun de ses employeurs et à entretenir une correspondance régulière avec eux (en envoyant ses voeux en début d'année ou en les informant de ses diplômes et de ses expériences professionnelles). Encouragez-le également à rester en contact avec ses anciens camarades de classes, à fréquenter les réunions d'anciens élèves, etc. En somme, apprenez-lui à entretenir son réseau. De nos jours, c'est ainsi que l'on tisse les liens qui tiennent une carrière.

PAROLE D'ENFANTS

« Dans ma famille, à partir de 18 ans, ma mère ne payait plus les vacances de personne. Bien sûr, on pouvait la suivre dans l'appartement familial, mais si on souhaitait voyager ou faire autre chose que suivre tout le monde, il fallait gagner de quoi payer son billet. Mes frères, sœurs et moi-même avons donc passé une partie de nos vacances à travailler, et plus tard, nous continuons de l'en remercier. C'est très valorisant et utile pour l'avenir. »

Stéphanie, 33 ans, journaliste, mère de deux enfants.

Choisir un métier

Si votre enfant, même à 11-12 ans (avant si c'est possible) marque une préférence pour un métier, n'hésitez pas à lui faire rencontrer un professionnel par quelque biais que ce soit. Et si le professionnel est d'accord, organisez un mini-stage pendant lequel votre enfant pourra passer du temps avec lui à le regarder travailler (et peut-être à l'aider un peu). Vivre les choses aide à faire des choix. Encouragez-le aussi à poser des questions, même les plus simples, comme « Quand partez-vous en vacances ? » ou « Combien d'années d'études avez-vous fait ? » Si cette profession réclame occasionnellement ou régulièrement une participation bénévole (notamment s'il s'agit d'une activité associative), laissez votre enfant s'investir. Il en tirera une expérience riche et beaucoup de fierté.

Quand votre enfant voit un métier qui le fait rêver, à la télévision ou dans la « vraie vie », aidez-le à réfléchir à la vie réelle de ces professionnels lorsqu'ils sont hors des caméras. Ce footballeur ne voit pas sa famille pendant de longs mois d'entraînement, cette chanteuse ne dort pas chez elle pendant ses quatre mois de tournées, ce DJ n'a plus qu'une partie de ses journées pour faire des courses... Il ne s'agit pas de décourager quiconque mais que vos enfants puissent voir les choses avec réalisme et rapprocher leur projet professionnel de leur projet de vie personnelle. Parallèlement, ces professions qui font rêver ont parfois des métiers cousins qui le rapprocheront de son rêve : aidez-le à fouiller dans tous les métiers existants.

Comment gérer l'argent ?

On le met où, d'abord, cet argent ? Bien sûr, dans un premier temps, vous pensez à une tirelire... Pourtant, votre enfant adore compter ses sous. Il aime aussi les voir s'accumuler. Alors pourquoi pas un bocal rigolo et transparent, en plastique, que l'on cachera dans une armoire, loin des mains des petits frères et sœurs ? À vous de voir. Il aura évidemment aussi besoin d'un porte-monnaie pour transporter sa richesse et la dépenser.

Une fois que vous aurez donné quelques piécettes à votre enfant, il va commencer à regarder les prix dans les magasins. Et un beau jour, alors qu'il sera épaté devant un robomaniax au supermarché, il va vous demander de l'acheter, et vous lui rétorquerez cette terrible phrase : « Je n'ai pas de raison de te faire un cadeau aujourd'hui, mais si tu y tiens vraiment, tu peux l'acheter avec ton argent. » Comptez sur le fait que, la prochaine fois, votre enfant de 6 ans aura tout fait pour trouver un porte-monnaie, y mettre ses 2,80 euros et les apporter au supermarché pour faire son premier achat. Oui, avec l'argent qu'il aura, il va acheter n'importe quoi : des bonbons, des jouets moches et fragiles, une cravate avec des robomaniax dessus pour la fête des pères, et même un stylo jaune qui sent le pi... ssenlit.

Bien sûr, au début, il faudra le laisser faire. Vous lui avez donné de l'argent pour ses achats personnels : à lui de choisir ce qu'il achète. Franchement, n'est-ce pas mieux de le laisser faire aujourd'hui des erreurs financières de 5 ou 10 euros plutôt que d'attendre ses 30 ans, quand il dépensera d'un coup son salaire d'un mois dans une veste de marque pour épater ses copains ? Mais très vite, le voyant décontenancé devant les miettes de son robomaniax qui a quand même coûté 2,80 euros (ce qui représente deux semaines d'argent de poche), vous allez lui expliquer quelques bases :

- Souvent, il vaut mieux réfléchir un peu avant d'acheter quelque chose qui nous séduit. Quelquefois, on peut trouver mieux pour le même prix, ou le même pour moins cher dans le magasin d'à côté. On peut aussi trouver un moyen d'acheter ce robot et un stylo pissenlit, à condition d'apprendre à faire un budget.

- Plus un objet est solide, beau, utile, intéressant, plus il est cher. Donc, c'est une bonne idée de cumuler quelques semaines d'argent de poche pour s'acheter le robot plus cher, qui durera plus longtemps et fait bien plus de choses que ce fichu robomaniax de supermarché. Vous lui apprendrez à faire des économies.
- Enfin, au moment de choisir l'objet de ses rêves, il est judicieux de vérifier qu'il correspond à ce que l'on en attend, de poser des questions au vendeur, de retourner l'emballage dans tous les sens, même de négocier le prix, qui sait... Et ça, c'est apprendre à faire des achats.

Faire un budget

Quand on a 6 ans, on n'apprend pas réellement à faire un budget. Mais on peut tout de suite attraper une feuille de papier et faire la liste de ce que l'on veut acheter avec ses sous. Sur cette liste, on peut ajouter le prix de chaque objet et additionner le tout pour voir que... Oups, on n'a pas assez d'argent pour tout acheter. Pour choisir ce qui est le plus « urgent », on peut se poser quelques questions :

- Si je devais n'acheter qu'un seul de ces objets, j'achèterais lequel ?
- Combien de temps devrai-je économiser pour acheter cet objet et celui-là ? Puis-je attendre si longtemps (parce que si c'est pour impressionner Ben que l'on achète ces baskets mais que l'on ne peut les acheter qu'en août, quand on ne le verra plus, ce ne sera peut-être pas la peine...) ?
- Est-ce que j'ai vraiment besoin de cet objet ? Sinon, pourquoi ai-je envie de l'acheter ?
- Est-ce que cet objet va m'être utile ? Quand ?

Sa feuille de papier, votre enfant la gardera avec lui quand il sortira avec ses sous pour faire des achats. Au moment où il tombera en arrêt devant un nouveau robomaniax (le rouge !), vous pourrez simplement lui dire : « Regarde ta liste, tu n'avais pas prévu un robomaniax... Penses-tu qu'ilest plus important ou mieux que la trottinette que l'on a vu l'autre jour à Décasport, et que tu as mise sur ta liste ? »

Quelques années plus tard (**à partir de 10 ans environ**), l'argent de poche augmentant, vous estimerez peut-être que votre rejeton est en âge d'acheter autre chose que des bonbons, des jouets et des stylos jaunes. Vous lui imposerez quelques responsabilités dont il a été question plus haut, et selon ses goûts et exigences dans les différents domaines. Il perd sa gomme tous les jours ? Essayons de le responsabiliser en lui imposant d'acheter lui-même ses fournitures scolaires. Elle veut ab-so-lu-ment ce vingt-deuxième jean tout de suite maintenant ? À elle de gérer son budget vêtements. Il a « explosé » son forfait ? Tant pis, à partir du mois prochain, il assumera ses dépassements.

Pour s'en sortir facilement, il faudra lui apprendre à faire un budget.

Croyez-nous, on apprend trop tard aux enfants à faire un budget, alors que c'est une compétence fondamentale et d'une simplicité impressionnante... Sur une feuille, on fait une colonne recettes, dans laquelle on indique tous les revenus réguliers ou irréguliers prévisibles. Votre ado y mettra son argent de poche, les sous de son baby-sitting mensuel chez Madame Duchemin et le billet de 20 euros de Mamie Marcelle pour son anniversaire. Dans la colonne dépenses, celle d'à côté, il mettra ses charges : le montant du forfait téléphonique, éventuellement son habituel dépassement (ben oui, faut le prévoir), les sous de son déjeuner d'école (« parce que, Maman, la cantine, c'est vraiment trop dégoûtant, comment veux-tu que je mange cette purée au caoutchouc ? »), le prix du cadeau d'anniversaire de Papa, etc. Une fois l'addition faite, il suffira de comparer les sommes de chaque colonne pour constater l'ampleur de la catastrophe : eh oui, ce n'est pas encore ce mois-ci qu'elle achètera le petit haut mauve repéré chez Marie Chiffon !

Si vous avez un ado qui réclame beaucoup d'argent pour des futilités, jouez franco. Si vous n'avez rien à cacher, montrez-lui ce que la famille gagne et son budget. Faites le compte de ce qu'il reste à la fin du mois, montrez comment vous économisez en prévision des temps difficiles et comment vous partagez (équitablement, mais si) l'argent des loisirs et des futilités. Un adolescent se rend rarement compte de l'argent qui sort de votre compte : montrez-le lui. Une fois peut suffire !

Dès l'adolescence, le fait d'inclure dans les dépenses faites avec l'argent de poche des charges « obligatoires » aidera à responsabiliser votre enfant et lui montrera comment gérer son argent. Imaginez sa tête le jour où il se rendra compte, quand il arrivera dans sa petite chambre d'étudiant, que l'argent que vous lui donnez chaque mois ne servira pas seulement à acheter des disques, des Chocobarres, des coups à boire et des dessous affriolants ! Il faut s'y prendre tôt pour qu'il apprenne à faire la part entre les besoins et les désirs...

Avoir un compte en banque

Un jour, votre enfant vous parlera de Clarine qui a une carte pour retirer des sous à la machine, elle. En effet, dès 12 ans, les enfants peuvent disposer d'un livret jeune à la banque, accompagné d'une carte de retrait. Les parents restent évidemment responsables de ce compte et décident de la somme maximale que l'enfant pourra retirer chaque mois. Il s'agit de comptes sans possibilité de découvert (le retrait est refusé si l'argent n'est pas disponible) qui permettent de s'initier au système bancaire, lequel poursuivra votre enfant tout au long de sa vie... Le moment où l'on va chercher la carte de retrait dépendra évidemment de sa maturité et des sommes disponibles sur le compte : n'évitez pas la discussion sur la sécurité au moment des retraits bancaires. Faites un essai ensemble et montrez-lui comment quelqu'un pourrait le voir taper son code et lui prendre sa carte de retrait. Autant que ce soit vous...

Le jour de l'ouverture du compte, prévoyez du temps. Il sera responsable de son compte et ce sera donc à lui de remplir la plupart des documents de son écriture d'écolier (en tirant la langue). Tant que vous êtes sur place, montrez-lui comment on dépose une somme d'argent (en chèque ou en espèces) sur son compte, comment on en retire au distributeur et, surtout, comment on note ses dépenses pour ne pas dépasser la limite ! Et à la fin du mois, faites ensemble le pointage des relevés pour vérifier que, globalement, le budget défini a bien été respecté !

Évidemment, la plupart de ces opérations peuvent se faire avec des moyens plus évolués. Certaines banques ont créé des logiciels gratuits pour gérer l'argent de poche, et les logiciels de gestion « classiques » peuvent séduire les plus grands.

Économiser

Oui, nous savons que nous ne sommes pas drôles, mais si nous n'avions dit mot, vous n'auriez pas compris : économiser s'apprend très tôt. Et c'est simple à comprendre. Le plus dur, c'est de le faire.

Pour que l'enfant ait envie d'économiser, fixez des objectifs raisonnables. À 2 euros par semaine, il en aura pour presque un an à économiser pour ce beau vélo rouge, c'est à vous dégoûter à vie ! Commencez par cette petite voiture, déjà, et progressez doucement, jusqu'à ce qu'il soit en mesure d'économiser à plus long terme. Pourquoi ne pas mettre les sous de la petite voiture dans une petite boîte séparée, sur laquelle on aura collé la photo de l'objet ?

Dès l'âge de 11 ans, certains parents offrent plusieurs tirelires à leurs enfants et leur expliquent comment mettre 30 % de leur argent de poche dans la tirelire « grosses économies » (pour son scooter, ou mieux, pour ses études d'ingénieur), 30 % dans la tirelire « petites économies » (pour le robotix, repéré la semaine dernière), et le reste dans leur porte-monnaie. D'autres spécialistes recommandent, même aux adultes, d'économiser systématiquement 10 % de leurs revenus...

Ce qui est important, c'est d'encourager le principe. Pour ce faire, les banques offrent des points de fidélité à ceux qui mettent de l'argent sur leur compte d'épargne (en plus des intérêts, bien sûr). De votre côté, vous pouvez proposer de payer des intérêts sur l'argent de la tirelire des « grosses économies » à chaque fin de mois. Mais ne vous croyez pas obligé de payer encore et encore... Aider un enfant à choisir ses objectifs et à les réaliser peut aussi le motiver fortement !

Montrez-lui aussi que vous faites des économies. Créez une tirelire familiale où l'on versera régulièrement les économies faites sur telle ou telle catégorie de dépenses, et décidez tous ensemble de ce que vous voudrez en faire : payer les prochaines vacances, acheter un home cinéma... Vous pouvez même lancer un grand défi pour que chacun rapporte un peu d'argent : qui grâce à un baby-sitting, qui en vendant des bracelets de l'amitié à ses copines, qui en participant à un vide-greniers, qui en sacrifiant son abonnement à Pilou Magazine ou en éteignant la lumière à chaque fois qu'il en voit une allumée dans une pièce vide...

N'hésitez pas, vers 14 ans, à parler à votre enfant des placements. N'entrez pas tout de suite dans les détails, mais décrivez-lui, lorsqu'il arrive à l'âge de gagner sa vie, les différents moyens de mettre de l'argent de côté. Explorez le site Internet de sa banque et repérez les produits les plus courants : assurance-vie, livret d'épargne, plan d'action. Parlez disponibilité, taux d'intérêts, risques. Évoquez aussi d'autres types de placements comme les placements immobiliers.

Comment le dépenser ?

Ahhhh, le shopping ! Se promener de vitrine en vitrine, de rayon en rayon et choisir selon l'envie un objet qui irait si bien dans notre jolie petite vie comme font toutes les filles « normales » dans les feuilletons et les jeunes tontons célibataires avec une bonne situation ! La culture de consommation de notre société vous permettra de sauter la leçon « comment faire des courses quand on est riche et bien portant ». La leçon suivante étant « comment faire des achats quand on a un budget limité et des envies extensibles ».

Comprendre la société de consommation et la publicité

La première leçon aura donc, vraisemblablement, lieu au magasin où vous allez le plus souvent avec votre enfant : boulangerie, supermarché... Devant la boîte de Chocobarres, il apercevra son héroïne favorite, Carla l'Aventurière, et il faudra tout de suite acheter cette boîte-là où l'on trouve un « cadeau gratuit », parce qu'à la télé, ils l'ont dit, « c'est la barre complètement barrée » (il paraît que c'est drôle...). Achetez vos produits habituels et promettez d'en reparler dès le retour à la maison.

Regardez cette pub ensemble. Posez-lui des questions. Cette barre, sur l'écran, ne ressemble-t-elle pas beaucoup à celles que vous achetez habituellement ? D'après lui, une barre, même « complètement barrée », va-t-elle le faire voler dans le ciel comme l'enfant de la publicité ? Montrez-lui à quel point cette barre ressemble quand même à toutes les autres, même si Carla l'Aventurière l'adore. Expliquez-lui clairement que les gens qui font les publicités n'ont qu'un objectif : qu'il ait envie d'acheter ces Chocobarres, et qu'ils ne vont pas lui dire qu'elles sont toutes petites, plutôt chères et qu'elles donnent des caries... De retour au magasin, comparez la différence de prix et montrez-lui ce que l'on peut acheter avec.

Tout cela dans l'hypothèse où vous achetez des Chocobarres. Car dans une maison où « on n'achète des bonbons que pour les fêtes », « on ne boit jamais de cola, c'est mauvais pour la santé », et « en avril, c'est pas la saison des fraises », les règles familiales servent aussi à limiter les achats compulsifs de Chocobarres...

De même, même lorsqu'il achètera des objets avec son propre argent, on peut imposer des règles sur ce que chacun peut acheter ou non (et sur ce qui peut, ou non, entrer dans la maison). À chacun de choisir ses règles, mais, à proscrire, en vrac : alcool, tabac, sucreries, films violents, objets dangereux pour l'un ou l'autre des membres de la famille (billes, à cause des bébés, etc.).

Votre jeune gestionnaire trouvera, au début de sa tirelire, que les rayons du supermarché sont pleins de choses bien peu chères. « Maman, ces bonbons ne coûtent que 10 centimes », s'exclamera-t-il à la boulangerie. Alors laissez-lui faire l'expérience : achetez-lui (pour une fois) dix bonbons à 10 centimes. Laissez-le les manger à son rythme, quitte à en donner quelques-uns aux copains. La semaine suivante, rendez-vous au supermarché et trouvez les mêmes bonbons dans un sachet. Achetez-les et notez scrupuleusement le prix. Comptez ensemble les bonbons et calculez le prix « par bonbon ». Dites-le lui, et voyez ensemble en combien de temps il engloutit le sachet. Voilà une leçon vite apprise sur le prix unitaire et le plaisir de discuter avec la boulangère.

Définir son achat

Vous l'avez compris, notre but est d'entraîner notre enfant à passer du stade de l'achat « impulsif » (sur un coup de tête) à l'achat réfléchi. Pour cela, il faut qu'il soit sûr de vouloir l'objet et de vouloir exactement celui-là. En effet, dès que l'on aborde les objets relativement coûteux (pour un jeune enfant, si l'on dépasse 5 euros, ça fait déjà beaucoup !), on est censé se poser une série de questions pour être sûr de le vouloir :

- Vais-je m'en servir souvent ? Longtemps ? Correspond-il à une mode ?

- Si je l'achète maintenant, aurais-je assez d'argent pour d'autres choses dont je pourrais avoir besoin bientôt ?
- Est-ce que je peux réfléchir un peu avant de l'acheter ? Cet objet sera-t-il en solde prochainement ?
- Qu'est-ce que je veux faire avec cet objet ? Me permet-il d'en faire tout ce que je veux ?
- À quel prix puis-je le trouver ? L'objet le moins cher est-il vraiment d'égale qualité par rapport à celui qui est un peu plus cher ?
- Une fois que je l'aurais acheté, comment devrais-je l'entretenir ? Combien cela me coûtera-t-il ?

À cette liste, vous ajouterez des questions assez spécifiques pour un cadeau à choisir pour un proche, comme : « Ce cadeau qui me plaît à moi, va-t-il plaire à celui à qui je vais l'offrir ? Va-t-il lui servir souvent ? En a-t-il déjà un ? »

Bien sûr, vous lui apprendrez à se poser ce genre de questions dès qu'il aura la capacité de choisir un objet dans un magasin avec vous. Mais les négociations seront de plus en plus sérieuses au fur et à mesure qu'il grandira. N'hésitez pas à l'impliquer dans les gros achats que vous ferez pour lui : pour son premier scooter, son premier ordinateur, son lecteur MP3 ou sa nouvelle console, cherchez ensemble le meilleur prix, le meilleur service après-vente, le meilleur endroit où aller le chercher (en tenant compte du coût du transport). Faites-lui rédiger une sorte de cahier des charges pour tout achat conséquent. Il doit tout écrire noir sur blanc : la fourchette de prix désirée, les fonctions, les critères de choix. Et surtout, qu'il n'oublie pas ce document précieux quand il ira explorer les rayons du magasin pour prendre sa décision finale.

Beaucoup d'enfants pensent que pour que ce soit bien « cool », tout doit être acheté neuf, mais vous pouvez l'encourager à chercher des solutions alternatives, plus économiques : louer un scooter pour sa semaine de vacances, acheter son ordinateur d'occasion, vendre quelques vêtements pour s'offrir un petit voyage entre amis, fabriquer soi-même un accessoire de mode, des biscuits, des pizzas... À l'adolescence, n'hésitez pas à le mettre face à la réalité. Il veut organiser une fête « d'enfer » chez vous avec ses copains, avec livraison de pizza, sono et boules à facettes ? Faites les comptes. Cherchez ensemble les moyens de limiter les dépenses en s'amusant quand même, en faisant participer ses copains, en faisant des pizzas maison, etc.

De même, tant qu'il est jeune, aidez-le à trouver les meilleurs plans pour faire des économies. Les jeunes, grâce aux cartes de réduction ou simplement leur carte d'étudiant, bénéficient de réductions dans beaucoup de domaines. Par ailleurs, leurs horaires leur permettent parfois d'avoir des tarifs intéressants, au cinéma par exemple.

Faire un achat

C'est décidé, votre enfant veut ce Robomax. Vous avez exploré tous les catalogues, comparé les prix, tout bien. Il le veut, il le veut, il le veut. Mais arrivé au magasin, gloups... il n'a pas l'argent. Déjà dépensé ? Peu importe, évitez de le lui prêter. À moins que vous ne rêviez d'en faire un créditeur à vie.

Imaginons maintenant que Petit Dernier ait reçu pour son anniversaire un deuxième Robomax. Flûte. Lui qui rêvait, finalement, pour compléter son Robomax du Robomix tout à côté de lui dans la vitrine... Bonne nouvelle ! Vous allez pouvoir entraîner votre enfant à faire un échange. Faites-lui demander gentiment le reçu à Tante Julie, en expliquant bien qu'il adore son Robomax, et que c'est pour cela qu'il en a déjà un ! Et emmenez-le au magasin faire son échange contre un magnifique Robomix.

Entraînez-le à garder les reçus de chacun de ses achats pour faire ses comptes en rentrant, et éventuellement à la fin du mois. S'il a un compte, cela lui permettra de faire ses pointages avec sérieux.

Quand il aura l'âge des « gros achats », vous devrez aussi l'entraîner à négocier les prix : apprenez-lui à oser. De nos jours, on peut négocier (presque) tout. Il suffit d'essayer.

Se protéger des dangers

La semaine dernière, quand Zozo 1er, 6 ans, a exigé de pouvoir rester seul à la maison pendant que nous faisions les courses à quelques minutes de là, voici ce que nous avons répondu : « Mais que feras-tu s'il y a le feu dans l'appartement ? » « Mais il n'y aura pas le feu, il n'y a jamais le feu », répondit-il à sa mère qui avait descendu à pieds sept étages à 2 heures du matin quelques années plus tôt, avec sa sœur encore dans son couffin, et pour quelle raison ? Un incendie. Et pas de forêt...

Bref, la prévention est l'un des fondements de l'autonomie... C'est pourquoi vous allez devoir initier vos futurs pompiers. Et, en l'occurrence, c'est certainement l'une des tâches les plus difficiles, car vous éviterez, pour apprendre à votre fils à éteindre un feu, d'en allumer un vrai dans votre salon, s'il vous plaît. Cela restera donc en partie théorique.

Pour vous tranquilliser, vous avez déjà appris un grand nombre de choses à votre enfant, avant l'âge de 3 ans, pour qu'il évite le danger. Même à 3 ans, vous savez toujours que :

- Il faut cacher tout ce qui sert à faire du feu, tous les médicaments et tous les produits d'entretien toxiques (la majorité le sont), ainsi que les produits cosmétiques (qui contiennent souvent de l'alcool).
- Dans l'aire de jeux, vous n'avez pas intérêt à pousser Petit Maladroit effrayé à essayer – « Mais si, je te le dis, tu vas y arriver » – le toboggan de la mort qui tue... Paniqué, il pourra bien ne pas y arriver, justement.
- On ne court pas avec un objet coupant ou pointu dans la bouche.
- On ne joue pas avec les portes.
- La piscine n'est bien sûr accessible que sous surveillance.
- On ne mange pas ce qu'on a cueilli sans le montrer d'abord à un adulte et avoir obtenu son autorisation.
- On ne met pas ses doigts dans les prises de courant, même « pour voir ».
- On ne laisse pas un enfant seul dans une voiture.

Pour limiter les envies d'exploration dans la caisse à outils ou le coin ménage, offrez-lui des jouets « d'imitation » : panoplie de bricoleur, dînette, petit balai avec sa pelle.

Votre enfant ne peut pas rester seul à la maison plus de quelques minutes avant l'âge de 10 ans environ. À partir de cet âge, vous devez l'initier aux gestes d'urgence. Il doit connaître les numéros à appeler en cas de problème. Faites-lui une fiche (que vous rangerez peut-être dans votre classeur de maison conçu au chapitre 1) qui regroupe les numéros des pompiers, services médicaux d'urgence, services de police, centres anti-poison et de toxicovigilance. Ajoutez les numéros où il pourra joindre ses parents, à mettre à jour chaque fois que vous le laisserez seul, ainsi que le numéro d'un voisin ou de plusieurs voisins proches. Cependant, expliquez-lui clairement que, s'il ne se sent vraiment pas bien, c'est un médecin dont il a besoin, et que, s'il y a le feu, il doit d'abord appeler les pompiers. Ils vous appellera après, si possible. Soyez clair avec lui : on ne doit pas appeler ces numéros pour faire une blague, mais on a tout à fait le droit de les appeler si l'on n'est pas sûr que c'est grave, pour obtenir un avis ou une aide par téléphone.

Appeler les secours

- Composer le numéro.
- Quand on obtient un correspondant, donner son numéro de téléphone et son nom.
- Donner la localisation précise de l'accident (adresse, éventuellement itinéraire).
- Expliquer la nature de l'accident, les risques persistants.
- Indiquer le nombre de personnes concernées, leur état apparent, et décrire les gestes déjà effectués.
- Ne pas raccrocher avant d'y être invité.

Apprenez-lui à fermer la porte d'entrée (montrez-lui comment fonctionnent les verrous) quand il est seul à la maison, et surtout quand il dort. Dites-lui bien de ne pas jouer les zorros si quelqu'un venait à pénétrer dans la maison ; s'il peut appeler la police discrètement, tant mieux ; sinon, qu'il se cache et attende le départ des cambrioleurs. Bien sûr, redites-lui qu'il ne doit ouvrir à personne en votre absence. Jusqu'à 14-15 ans, cette règle s'applique également pour des gens qu'il croie connaître, à moins qu'il puisse regarder par un juda.

Redites-lui tout ce qu'il ne doit pas faire quand vous n'êtes pas là (jusqu'à 12-13 ans). Faites ensemble le tour des risques d'incendie, de chute, de fuite de gaz, de décharge électrique, d'intoxication. Expliquez-lui la conduite à tenir en cas d'incendie. Faites un jeu de rôle en imaginant un faux feu. Recommencez à chaque déménagement, les modes opératoires pouvant changer selon qu'il y a ou non des extincteurs dans la maison ou sur le palier, des portes coupe-feu, etc.

PAROLES DE PARENTS

« Depuis le plus jeune âge, j'ai dit, redit et répété les consignes de sécurité basiques... et souvent vérifié en émettant des hypothèses qui commencent par "et si" (et si on vous aborde dans la rue, et si on vous propose des choses qui ne vous plaisent pas, et si votre portable est en panne, et si vous êtes malade au lycée...). À force d'entendre les règles, mon grand a dit une fois à sa jeune cousine : "enfin, tu ne sais pas qu'on ne court jamais dans un parking, ta mère t'a pas appris ça ?". J'étais un peu gênée, là... »

Annie, 48 ans, chirurgien, mère de quatre grands de 15 à 22 ans.

Vivre comme un grand ?

Les factures

La gestion financière d'une maison ne s'arrête pas aux achats de tous les jours. Dès 10 ans, surtout si votre enfant a déjà fait un « budget », vous pouvez commencer à lui expliquer quelles sont les charges d'une maison : comment on paye un loyer ou comment on rembourse un emprunt, comment on paye l'électricité, le téléphone, comment on déclare ses impôts, etc. Vous vous contenterez le plus souvent de répondre à ses questions sur le sujet (comment ça, ce n'est jamais le bon moment ?) et de lui montrer des exemples.

Prenez également le temps de lui expliquer ce qu'est un crédit. Peut-être aurez-vous envie de lui montrer, par exemple, combien lui coûterait ce jean en solde si Fille Aînée l'achetait à crédit. Aurait-il toujours l'air en solde avec ses 18 % d'intérêts ? Mais restez réaliste, aidez-la aussi à faire ce type de calcul pour la voiture qui lui permettra de se rendre à son nouveau travail tous les jours... Combien lui rapporte son travail ? Combien lui coûtent la voiture et son crédit ? Combien reste-t-il à la fin du mois ? Pour simplifier, vous conclurez en expliquant qu'acheter à crédit ne vaut la peine que s'il s'agit d'un objet qui rapporte plus d'argent qu'il n'en coûte (un outil de travail, par exemple, et la voiture peut en être un), ou d'une chose qui prend de la valeur avec le temps (comme un bien immobilier ou certains objets de collection).

Quand il travaillera, son premier salaire lui glissera entre les doigts car il n'aura peut-être jamais eu autant d'argent d'un coup. Mais discutez-en ensemble. Faites le compte, ensemble, de l'argent qu'il gagne réellement par heure (n'oubliez pas de retirer les impôts et les quelques frais qu'il engage pour aller au travail), et apprenez-lui à compter ses achats en heures de travail. Quand on gagne 7 euros de l'heure, la paire de Pike à 100 euros vaut-elle vraiment les 14 heures de travail que l'on s'apprête à y consacrer ?

N'oubliez pas de lui montrer la ligne « revenu imposable » et de lui redemander la somme de ses revenus sur l'année pour remplir votre déclaration d'impôts. Mieux, faites-lui remplir lui-même sa ligne, et montrez-lui comment on peut calculer d'avance les impôts que l'on aura à verser. Eh oui ! Travailler a aussi des revers ! Enfin, vous lui aurez quand même expliqué depuis quelques années à quoi servent les impôts et montré à quel point cet argent, vous l'utilisez au quotidien, ne serait-ce qu'en marchant sur le trottoir de votre rue ou en allant au skate-parc.

Le logement

Le problème du logement se pose souvent dès le début des études supérieures : c'est l'occasion rêvée d'embarquer votre jeune étudiant à la chasse au toit. Mais faites les choses dans l'ordre ; si c'est vous qui payez, rappelez-lui qu'il s'installe à Grandeville-en-Province pour travailler (et souriez intérieurement en repensant à vos bringues de première année de Droit), puis discutez ensemble de ce qu'il attend de sa nouvelle vie : pouvoir se coucher à 22 h sans être dérangé par la petite musique de l'émission d'Ardigel, ou partager son repas avec des potes et refaire le monde sur le sujet de sa dissert de socio ? Compte-t-il travailler pour aider à payer ses études, ou bien souhaite-t-il boucler ses études au plus vite en se contentant d'une bourse ? Et ce logement, il veut y faire quoi, exactement ?

Fixez donc ensemble les critères importants du choix de ce logement :

- sa situation (proximité de l'école, du travail, des transports en commun pour s'y rendre) ;
- les services disponibles sur place ou à proximité (cuisine collective, cafétéria, resto U, laverie automatique, lave-linge, parking, garage à cyclomoteurs ou à vélos, espaces collectifs avec d'autres étudiants, salle de télé, salle de travail, salle de sport, bibliothèque, sanitaires collectifs ou individuels) ;
- la taille de l'appartement et ce que l'on veut y faire (recevoir, travailler, dormir, jouer du piano, faire du sport, regarder la télé...) ;
- le désir ou non de vivre en collectivité ou en colocation ;
- l'équipement (restera-t-on assez longtemps pour que meubler soi-même le logement soit intéressant ?).

Faites les recherches ensemble et établissez une liste des logements idéaux (et possibles) pour lui, dans l'ordre de préférence : cité U, chambre de bonne, chambre en colocation, foyer, appartement, maison, chambre chez l'habitant...

Ensuite, faites le compte du budget dont vous disposez. Encouragez votre enfant à se renseigner sur les ressources dont il pourrait bénéficier. Annoncez-lui votre budget, si vous en avez un. Laissez-le contacter sa nouvelle école, son employeur, sa nouvelle mairie, la caisse d'allocations familiales pour se faire indiquer les différentes aides disponibles, cela bien avant la date prévue de son départ. Rappelez-lui qu'il doit définir son budget en tenant compte des autres frais qu'il aura au quotidien.

Il ne reste plus ensuite qu'à marier le budget et les désirs, en commençant par le début de la liste. S'il rêve de vivre en chambre de bonne, faites le compte des frais qu'il aura (sans « vraie » cuisine, les frais alimentaires sont plus élevés, et il faudra payer la laverie), et voyez si le budget correspond. Sinon, passez à l'option suivante, par exemple, la cité universitaire où il aura une cuisine à disposition et un salon de télévision... malgré les sanitaires communs.

S'il faut en passer par un agent immobilier, apprenez-lui à visiter un appartement, à poser des questions, y compris sur les détails. Aidez-le à réunir tous les éléments d'un dossier et à agir en personne sérieuse, quitte à cacher son tatouage ou retirer son piercing...

Si elle est emballée à l'idée de vivre en colocation, commencez par expliquer à Miss Bazar qu'elle devra ranger ses affaires de toilette après chaque douche si elle ne veut pas se faire renvoyer au bout d'un mois, et à Cracra Boy qu'il devra, lui aussi, nettoyer les toilettes de temps en temps et s'occuper lui-même de son repassage (Ah non, pas question que vous vous y colliez !). De même, encouragez votre rejeton à rencontrer longuement ses colocataires, quitte à les inviter à la maison. Pour vivre ensemble, il faut s'entendre un minimum, même plus. Ainsi, même Superpote peut devenir impossible au bout de trois jours. Pourquoi ne pas le tester d'abord en vacances, juste pour voir ? Une fois l'installation faite, encouragez les jeunes impétrants à élaborer quelques règles de base (et un tableau de partage des tâches) pour que tout le monde vive en bonne entente.

Voter

L'instruction civique est le plus souvent faite à l'école, et complétée, en France, par la journée du citoyen. Ce jour-là, les jeunes sont inscrits d'office sur les listes électorales de leur commune. Si vous souhaitez en faire de bons citoyens investis, vous leur expliquerez que s'inscrire sur les listes électorales fait partie des démarches à faire après un déménagement. Ils recevront ensuite une carte d'électeur et pourront voter. Le plus souvent, ils vous auront accompagné au bureau de vote dans son enfance.

À chaque élection qui aura lieu avant sa majorité, s'il s'y intéresse, expliquez-lui à quoi elle correspond et à quoi sert la personne qui va être élue. Faites des rapprochements avec son quotidien : les députés votent tels types de lois, le conseiller régional prend tels types de mesures... Montrez-lui à quel point la politique influence son quotidien.

N'hésitez pas non plus à lui expliquer que la plupart des personnes qui tiennent le bureau de vote sont des bénévoles, et que n'importe qui peut se proposer pour le faire ou pour participer au dépouillement des votes en soirée, dès lors qu'il est majeur. C'est une expérience très riche de la démocratie, et plus facile à pratiquer lorsqu'on est jeune.

À 18 ans, il devrait être capable de...

- Gérer son argent correctement sans découvert régulier.
- Avoir un compte en banque, faire un chèque, utiliser une carte de paiement.
- Trouver un petit boulot.
- Faire un budget.
- Rédiger un CV succinct.
- Faire une liste de ses exigences lors d'un achat important (plus de 75 euros environ), et choisir en tenant compte du rapport qualité/durabilité/prix.
- Économiser pour un projet qui lui tient à coeur.
- Distinguer la marque et la qualité d'un produit.
- Résister à un vendeur malhonnête ou trop insistant.
- Appeler les secours en cas de danger.
- Rester seul à la maison sans prendre de risques pour sa sécurité.
- Payer une facture.
- Repérer son revenu imposable sur une feuille de paye.
- Voter (s'il le souhaite).

Fiches pratiques

Les questions courantes d'un entretien de motivation

- Parlez-moi de vous...
- Quelles sont vos qualités ?
- Quels sont vos défauts ?
- Êtes-vous ambitieux(se) ?
- Avez-vous des frères et sœurs ?
- Quelle est la profession de vos parents ?
- De quelle région êtes-vous originaire ?
- Quels sont vos centres d'intérêt ?
- Que souhaitez-vous faire à la fin de vos études ?
- Quelle est votre expérience dans le domaine du ... (secteur de l'entreprise) ?
- Aimez-vous le travail en équipe ?
- Connaissez-vous notre entreprise ?
- Savez-vous en quoi consiste l'emploi que nous proposons ?
- En quoi pensez-vous être la personne que nous recherchons ?
- Avez-vous des questions ?

Maman, je veux cette marque-là !

Heureusement qu'il n'a pas commencé à l'âge de 20 minutes, quand la sage-femme a voulu lui mettre son premier pyjama... Alors, année après année, vous priiez tous les soirs dans votre pyjama Prince Tom Tom que la tuile n'arrive pas tout de suite. Mais ça y est, c'est aujourd'hui. « Maman, ce tee-shirt blanc est moche et triste. Je veux le Pike. » « Tu veux dire, ma fille, que, honnêtement, entre ce tee-shirt blanc-là et celui-là qui a une virgule, tu préfères celui avec la virgule, qui coûte trois fois le prix de l'autre, sérieusement ? » Eh oui, c'est tout ce qu'il y a de plus sérieux. Coraline l'a, Vanessa l'a, Enora aussi, et même Justin. Ils l'ont tous ce tee-shirt à 30 euros, sauf elle et le type à lunettes du premier rang qui porte les pantalons en velours de son grand-père.

Alors que faire ?

1re étape : donnez le bon exemple

Vous ne voulez pas que votre fille ou votre fils choisisse un vêtement pour la marque qu'il y a dessus, alors ne le faites pas. On ne vous dit pas de ne jamais vous acheter des baskets Pumidas. Juste de ne pas acheter les Pumidas si les Prisuprix sont aussi jolies et aussi solides, c'est tout. De même, on ne se moque pas de Tante Julie qui s'habille à la mode des années 12. Tante Julie a un style, elle, même si ce n'est pas le vôtre !

2e étape : soyez psy

L'ado qui achète du Pumidas ou du Pradaloni, ou le dernier tee-shirt Pike, recherche juste à intégrer son « clan ». Il veut se différencier de ses parents, et va donc vers les marques qui lui sont adressées, à lui. Mais il veut ressembler à ses copains, rentrer dans le moule. L'ado en velours de grand-père est vraiment rejeté par la plupart de ses camarades. Seuls les plus forts auront le courage de clamer, si c'est sincère, « les Pike, c'est tout pourri, c'est des enfants qui les fabriquent dans des usines où on leur donne à peine de quoi manger... » Même si cela est dommage, c'est vrai. Raison de plus pour laisser quelquefois votre ado imposer ses opinions tranchées, d'ailleurs.

3e étape : expliquez votre opinion, ça peut marcher...

Parlez ensemble des grandes marques, des manières dont elles séduisent les jeunes pour leur faire dépenser leur argent. Demandez à votre enfant pourquoi, à son avis, le type à lunettes ne porte pas de tee-shirt à la mode. Est-ce que ça le rend différent pour autant, à l'intérieur ? Demandez-lui ce que lui-même penserait si ses amis le rejetaient uniquement pour une histoire de tee-shirt...

4e étape : acceptez quelques compromis

Après tout, la société étant ce qu'elle est, si votre ado vous demande une fois par an de lui offrir un tee-shirt Pike, si cela lui fait réellement plaisir, peut-être que son anniversaire est une bonne occasion de lui en faire cadeau. Réserver ces marques aux cadeaux (prévenez quand même les généreux donateurs des prix pratiqués par les marques !) et aux achats avec son argent de poche devrait limiter l'invasion. Et progressivement, comme tous les adolescents, le vôtre changera d'avis sur les marques, s'il n'en a pas été gavé depuis tout petit.

Un consommateur averti en vaut deux

Théodore, pièce de 2 euros en main, est prêt à lancer sa commande à la dame du MacBurger : une petite glace avec de la sauce au chocolat et des noisettes. Du haut de son mètre quinze, il lève la tête pour qu'on l'entende, que la dame l'aperçoive de son grand comptoir, derrière sa caisse, et : « Je viens chercher mon café et un hamburger, s'plaît », dit la dame derrière lui en tendant son ticket. Le petit bonhomme se tourne et... rien. À l'école, il aurait tordu le nez de son pote Maxence s'il lui était passé devant dans la queue pour montrer son exercice de calcul à la maîtresse, mais là, non. Maman l'a bien élevé, ou il pense qu'il s'est trompé... Et voilà t'y pas qu'une fois la glace en main, elle est sans noisettes et sans sauce !

Alors, dites bien à vos enfants qu'ils peuvent protester quand :

- un client les double alors qu'ils font la queue ;
- un passant leur écrase les pieds dans la foule ;
- un vendeur essaie de leur « fourguer » quelque chose qui n'est pas sur leur liste ;
- une caissière se trompe en leur rendant la monnaie ;
- une vendeuse choisit la baguette pas cuite ou oublie la sauce de la glace.

Allez-y, faites un petit jeu de rôle, montrez-lui comment répliquer poliment, mais fermement, sans s'excuser.

Les petits papiers...

Autant donner dès le départ à votre enfant de bonnes habitudes concernant les papiers : ça lui évitera de farfouiller des heures au milieu de dizaines de piles de papiers étalées sur son bureau. Vous voyez de quoi on parle ?

Tout d'abord, il y a deux règles de base :

Règle n°1 : non sollicité – jeté. Montrez tôt à vos enfants qu'il n'est pas souhaitable de conserver tout ce que des commerçants croient utile de nous adresser par la poste alors que nous n'avons rien demandé. Autrement dit, jetez dans la poubelle appropriée les publicités inutiles.

Règle n°2 : on conserve ensemble les documents relatifs à un même thème. Exemple de thèmes : mon orientation scolaire, mes bulletins scolaires, mes œuvres d'art graphique, mes partitions, ce qui a trait à ma santé, mes papiers d'identité, les papiers en rapport avec mon départ en colonie de vacances...

Plus tard, pensez à conserver ensemble attestations de stages, feuilles de paie, contrat de travail, certificats de travail, allocations chômage et soldes de tout compte. Ce dossier « professionnel » doit suivre votre enfant dans ses déménagements successifs : son contenu servira à constituer son CV puis à reconstituer sa carrière au moment de la retraite.

Une fois qu'il sera dans ses murs, munissez votre enfant d'une liste de durée de conservation des documents (disponible sur le site Internet de la DGCCRF – Direction générale de la concurrence, de la consommation et de la répression des fraudes – ou dans le guide S'organiser, c'est facile !). Apprenez-lui à écrémer régulièrement sa paperasse administrative.

Pour faire simple et efficace, l'intérieur de chaque dossier sera classé par ordre chronologique. Les contenants seront, au choix, des chemises, des boîtes ou des classeurs. Si la paperasse agace votre enfant, laissez tomber les classeurs car ils demandent trop de manipulation (perforations, levier, pochettes plastiques...). En revanche, des chemises cartonnées comportant un titre lisible conviendront mieux.

En résumé

Que peut faire votre enfant, selon son âge ? Attention : les exemples de tâches listées ci-dessous correspondent à des suggestions de ce que vous pouvez demander à votre enfant. Il ne s'agit nullement d'obligations, et c'est à chaque parent d'adapter ses demandes et son aide aux capacités de l'enfant.

Dès 3 ans

- Ranger ses jouets dans des caisses, par types de jouets.
- Aider à nourrir les animaux.
- Ramasser ses vêtements.
- Mettre ses vêtements au sale.
- Éponger les taches sur la table.
- Passer un chiffon ou un plumeau sur un meuble.
- Mettre les livres en pile.
- Porter son assiette vers le lave-vaisselle ou l'évier.
- Barboter dans l'évier pour « faire la vaisselle » avec vous.
- S'habiller (si les vêtements ne sont pas trop complexes).

À partir de 4 ans

Idem que ci-dessus, plus :

- S'habiller vraiment seul.
- Faire son lit.
- Vider la poubelle de sa chambre.
- Ouvrir la boîte aux lettres et apporter le courrier.
- Mettre et desservir la table.
- Arroser les plantes.
- Aider à vider le lave-vaisselle.
- Ramasser la poussière avec une pelle.

À partir de 6 ans

Idem que ci-dessus, plus :

- Préparer son petit-déjeuner.
- Trier les vêtements sales entre blanc et couleurs.
- Balayer ou passer l'aspirateur.
- Se laver seul puis se laver les cheveux seul, s'ils sont courts.
- Aider à confectionner les repas.
- Nettoyer sa chambre.

À partir de 8 ans

Idem que ci-dessus, plus :

- Emplir et vider le lave-vaisselle.
- Ranger les aliments dans les placards.
- Changer ses draps.
- Préparer sa douche ou son bain.
- Réchauffer son repas au four à micro-ondes.
- Nettoyer la salle de bain.

- Promener le chien.
- Laver la voiture.
- Aider à jardiner (ratisser les feuilles, planter les bulbes).

À partir de 10 ans

Idem que ci-dessus, plus :

- Faire la lessive (avec une notice).
- Repasser les serviettes ou les torchons.
- Laver ses baskets.
- Nettoyer la cuisine.
- Laver les vitres.
- Cuisiner avec une recette.

Pour les plus de 10 ans

Idem que ci-dessus, plus :

- Préparer seul un repas équilibré.
- Coudre un bouton.
- Passer la serpillière.
- Cirer ses chaussures.
- Bricoler simplement sous surveillance.
- Changer une ampoule.
- Repasser tee-shirts et pantalons.
- Laver sous-vêtements et pulls à la main.

Pour les plus de 14 ans

Idem que ci-dessus, plus :

- Réaliser un plan de menus sur une semaine.
- Faire une liste des corvées ménagères avec leur durée.
- Les intégrer dans son emploi du temps.

Conclusion

« Tiouiouiou… Tiouiouiou… Tiouiouiou…

— Oui, allô ?

— Oui, c'est Jacky (votre dernière copine célibataire). Je t'appelais pour-savoir euh… J'ai des places pour voir Vincent Malabar dimanche après-midi, ça vous tente ou vous devez encore rester chez vous jouer au Nain Jaune avec vos mouflets ?

— Jacky, nos mouflets, comme tu dis, ont 17, 14 et 10 ans, et ils sauront bien se garder tout seuls. Et maintenant, ils jouent à Black Border II, plus au Nain Jaune.

— Et le ménage, c'est pas ménage le dimanche ?

— Ah non, le dimanche, c'est jamais jour de ménage. On se partage ça la semaine. Le dimanche, je ne fais même pas la cuisine.

— Bon, alors pour Vincent, je fais quoi ?

— Hum, désolée pour Vincent, on avait déjà prévu d'aller au Festival des Vieilles Nouilles pour le week-end, tu veux pas venir ?

— Hein, tout le week-end ? Ben qui va garder mon chat ? »

Votre copine célibataire va être épatée. Oh, bien sûr, vous appellerez vos enfants tous les jours du Festival pour vous assurer que Fils du Milieu n'a pas assommé sa petite sœur à coup de joystick (une sorte de marque d'affection à sa façon), ou que Fille Aînée ne s'est pas fait plaquer brusquement par Boutonneux du Moment, mais côté vie pratique, vous ne vous inquiéterez pour rien.

Sans rire ? Sans rire (relativement). Propres et en bonne santé, ils s'alimenteront de manière équilibrée (et boiront du soda en cachette) grâce à un repas maison (préparé pour une horde d'ados). Ils feront (un peu) de ménage et rangeront les reliefs de leurs journées (pas toujours à l'endroit prévu). Peut-être même qu'ils entameront le tri de leurs vêtements… Qui sait, pourquoi ne feraient-ils pas une lessive ? Dimanche soir, les devoirs seront (presque) finis, les cartables prêts et les vêtements du lendemain dressés sur une chaise (même si Fille Aînée n'a à se mettre que son tee-shirt « Dead tatoo » après avoir prêté la moitié de sa garde-robe à Copine chérie). Au lieu de rester bêtement tout le weekend devant la télé, ils auront aussi fait du karaoké, passé une soirée au roller-park, et, et, et… couru pour aller chercher du pain avant que ça ferme. Ils auront même fait quelques courses, surtout des CD. Bien loin du cauchemar dont on vous avait parlé.

Et dimanche soir encore, vous appellerez Fils Premier, marié depuis peu (ouf) et futur papa, qui aura fait le plein à Carrechan et un grand ménage pour épargner à sa douce un peu de fatigue pour ses derniers jours de grossesse.

Nous savons que vous avez du mal à y croire, vous Madame, vous Monsieur, quand vous voyez l'état de votre salon après le goûter d'anniversaire des 4 ans de Pépette ou la chambre de Fille Aînée, en pleine crise d'adolescence, mais si vous suivez nos conseils, vous n'aurez pas longtemps à attendre avant de pouvoir reprendre vos activités culturelles et physiques d'autrefois. Tout ne sera pas parfait, ni vous ni eux, loin de là. Mais tout le monde en aura retiré une confiance en soi garantissant des solutions à de nombreux problèmes. Tout le monde aura vécu des moments de complicité d'une richesse incomparable. Et à chaque fois que vos enfants verront un de leurs contemporains débordé par une notice de montage d'Ikérama, dégoûté par un évier plein, mal inspiré devant un frigo mal rempli, harcelé le samedi matin au téléphone par son banquier, ils penseront à vous, gentils parents, qui à force de patience, de patience, de patience et de patience, leur aurez instillé juste ce qu'il faut pour se débrouiller dans la vie : vous en aurez fait des adultes responsables et autonomes.

Ce sera, sans conteste, un avantage pour eux et une fierté pour vous. Et inversement.

Table des matières

PEFC
PEFC/10-31-1316
PROMOUVOIR LA GESTION DURABLE DE LA FORÊT

IMPRIM'VERT
Votre imprimeur agit pour l'environnement

Imprimé en France. - JOUVE, 1, rue du Docteur Sauvé, 53100 MAYENNE
N° 545385X. - Dépôt légal : septembre 2010